Tout le monde n'a pas le destin de Kate Middleton !

Fred Ballard

Tout le monde n'a pas le destin de Kate Middleton !

ÉDITIONS FRANCE LOISIRS

Édition du Club France Loisirs,
avec l'autorisation des Éditions Pygmalion.

Éditions France Loisirs,
123, boulevard de Grenelle, Paris.
www.franceloisirs.com

ISBN : 978-2-298-06387-5

Pour Gaspard, Arthur et Victor

« La chance, c'est une question de veine. »

Pierre Dac

1

En janvier… c'est pas gagné !

Un bouledogue en robe de soirée… c'était l'image que me renvoyait mon miroir depuis une bonne demi-heure. J'avais eu beau changer trois fois de tenue, la seule qui mettait un tantinet ma plastique de rêve en valeur était ce vieux jean taille 44 que j'avais acheté au quatrième mois de ma dernière grossesse, il y a neuf ans.

Je ne comprendrai jamais le concept du réveillon de la Saint-Sylvestre qui consiste à fêter la nouvelle année alors qu'on sait pertinemment qu'il y a de fortes chances pour qu'elle soit pire que la précédente. Chaque année, je me disais que jamais plus on ne me reverrait dans une de ces soirées « confettis et langues-de-belle-mère », et cette année encore, je m'étais fait avoir par cette question pernicieuse… posée incidemment… en fin de repas… un soir de décembre… par une copine un chouia éméchée :

— Tu fais quoi, pour le jour de l'An ?

Je savais pourtant, après toutes ces années de décomptes crétins à minuit tapant, dans des maisons de campagne mal chauffées, que le réveillon de la Saint-Sylvestre était LA soirée à bannir. Mais chaque année, à cette question posée un soir de décembre par cette copine passablement ivre, je répondais immanquablement…

— Heu… Ben… Rien… et toi ?

En fait, dans cette réponse, le « Heu », le « Ben » et le « et toi ? » sont définitivement en trop. Pour être sûre de ne pas être conviée à un réveillon de la Saint-Sylvestre, il faudrait répondre très sèchement mais avec le sourire :

— Rien !

Un bon « Rien », bien sec, coupe court à toute envie de l'interlocuteur-trice de vous proposer quoi que ce soit derrière ; il sent en vous une détermination qui le laisse coi… et qui vous laisse libre. Alors qu'un « Rien » un peu mou du genou, suivi d'un « et toi ? » presque implorant, vous fait passer pour un pauvre être abandonné par ses congénères un soir de liesse populaire. Donc forcément, si l'interlocuteur-trice est un tant soit peu charitable, ce qui est généralement le cas au moment des fêtes de fin d'année (petit Jésus oblige), l'interlocuteur-trice vous invite à un réveillon de la Saint-Sylvestre au fin fond de la Creuse ou sur la route de Louviers !

Il devient alors très difficile de refuser l'invitation au risque de passer pour une bipolaire, schizophrène et asociale. À moins de tenter un petit :

— Ah heu… c'est gentil mais en fait… j'avais oublié… je suis déjà invitée !

En revanche il ne faudra pas s'étonner de n'être jamais plus réinvitée à quelque dîner que ce soit par cet interlocuteur-trice qui prendra bien sûr cette réponse indélicate comme un affront, puisqu'en gros, vous êtes en train de lui dire que son réveillon sera ringard et que vous en préférez un autre où le champagne sera de meilleure qualité et les invités moins beaufs.

C'est pourquoi, cette année encore, j'avais accepté l'invitation de Sophie, la belle-sœur de Caroline, une copine de la femme du prof de gym volontaire du quartier de ses amis d'enfance. Autant dire que je ne connaîtrais personne… Ce réveillon de la Saint-Sylvestre dans une demeure seigneuriale de Normandie s'annonçait donc furieusement chouettard… j'y allais à reculons… je rentrerais ventre à terre !

Après deux heures et demie de route à cinq dans une Opel Corsa, boudinée dans une robe noire, je m'extirpai avec bonheur de l'habitacle. Un bonheur de courte durée puisqu'en posant ma ballerine gauche vernie au sol, je sentis une coulée de boue glacée pénétrer dans ma godasse. L'électricité n'était visiblement pas parvenue jusqu'à la demeure seigneuriale : les abords du château étaient plongés dans l'obscurité, ce qui me fit arriver toute crottée sur le perron de notre hôte qui se présenta de la façon suivante :

— Bonsoouaaaaaaaaarrrre… Eymeric de La Ménardière… votre hôte !

Sympatoche, le gars ! Tellement sympatoche que je m'excusai platement pour mon look de palefrenière en robe d'organdi. Ceci dit, quand je découvris l'état des sols carrelés du château, je sus que je ne serais pas la seule souillon de la soirée…

Après une petite discussion avec notre hôte en queue-de-pie mitée, je compris que le gros problème de la demeure seigneuriale héritée de beau-papa et de belle-maman, qui l'avaient eux-mêmes héritée de leurs illustres pépés, était le chauffage... et que le problème des réveillons de la Saint-Sylvestre organisés dans la demeure seigneuriale était le champagne : je n'en comptabilisais que trois bouteilles à notre arrivée... et elles étaient vides !

Il était donc 23 h 45, il faisait un froid de gueux dehors, un froid de gueux dedans, et à part l'antigel de l'Opel Corsa, il n'y avait rien à boire pour se réchauffer... je me demandais franchement à quoi avaient servi les 90 euros qui m'avaient été demandés en participation... Aux Curly peut-être qui jonchaient le sol de la salle de bal...

À minuit, à la fin du décompte crétin, on entendit péter un bouchon... de cidre et tout le monde s'embrassa comme du bon pain en se souhaitant une supeeeeeerrrrrbbbe année, avant de retourner pogoter à fond sur « partenaire particulier cherche partenaire particulière... ». À minuit cinq, j'attaquai avec appétit mon quatrième Curly de la nouvelle année quand une grande bringue un peu étrange m'attrapa sous les aisselles et me fit tournoyer dans les airs avant de me reposer sur la table censée accueillir le buffet. Elle me regarda dans les yeux, prit un air grave et presque inquiétant, et me remit solennellement une photo noir et blanc datant des années 1960 représentant une enfant particulièrement peu avenante sur laquelle était inscrit : « Meilleurs vœux de bonne et heureuse année. »

Je la remerciai d'un sourire crispé, elle repartit en trottinant comme une vieille petite fille... Elle avait l'air bien perchée et, à vue de nez, il devait lui manquer un bon gros quart d'heure de cuisson. Son état mental me fut confirmé par notre hôte, Eymeric de La Ménardière : Émeline, sa sœur, était atteinte d'une maladie orpheline qui altérait la croissance de son cerveau. Elle avait quarante-cinq ans mais son comportement était celui d'une petite fille de six ans totalement désinhibée. En revanche, tout témoignage de sympathie de sa part était de fort bon augure. La légende familiale disait même que celui ou celle à qui elle offrait sa photo de classe année 1967-68 estampillée : « Meilleurs vœux de bonne et heureuse année » avait toutes les chances de vivre des choses extraordinaires les douze mois suivants...

Je n'avais pas bu une goutte de champagne, j'avais dépensé 90 euros pour un réveillon pathétique, j'avais les pieds gelés, le mollet boueux et quatre Curly dans l'estomac, en revanche j'allais sûrement passer une année extraordinaire... dixit la légende familiale des La Ménardière... Ma soirée était sauvée !

*

En écrasant mon oreiller à l'aube de ce premier jour de la nouvelle année, je me remémorai la définition du mot « extraordinaire » puis me relevai à 5 h 40 pour que Larousse me la confirme :

1 : qui sort de l'usage ordinaire : une assemblée générale extraordinaire ;

2 : qui étonne par sa bizarrerie : singulier, insolite ;

3 : hors du commun, remarquable, exceptionnel : un personnage extraordinaire ;

4 : très grand, intense, immense : une fortune extraordinaire.

Je m'endormis donc en rêvant de mon corps alangui sur un matelas de billets de banque, voguant sur un océan de diamants…

*

Le premier jour de l'année est toujours férié, il serait préférable qu'il ne le soit pas. Le premier jour de l'année est d'une tristesse à mourir… Surtout quand on n'a rien bu la veille. Le premier jour de l'année est une journée gâchée… ça commence bien !

Mon canapé Ikéa était le seul endroit où j'arrivais à avoir ce genre de réflexions philosophiques de haut niveau… influencées par mes lectures de porte-revues sûrement…

« Les bonnes résolutions du début d'année : pourquoi on ne les tient jamais ? »

Il y a souvent, à la une des magazines féminins, des titres qui laissent songeur, celui-ci en faisait partie. Pour avoir la réponse à cette question existentielle qui devait, malgré tout, me tarauder inconsciemment en ce début d'année morose, je m'engouffrai avidement dans l'article. C'est vrai quand on y pense… Il est d'une importance cruciale de savoir pourquoi on ne tient pas ses bonnes résolutions du début d'année. L'éminent psychiatre interviewé allait sûrement me révéler que trop de bonnes résolutions tuent la bonne résolution et que ne pas en prendre était très certainement la meilleure des bonnes résolutions à prendre…

Bingo ! Je pris donc illico la première bonne résolution de l'année : arrêter d'acheter des magazines féminins dont je ne lisais au final que la première de couverture et les horoscopes...

— M'man... t'as décidé pour mes nouvelles baskets ? Parce que là vraiment ça devient urgent... chui obligé de marcher avec les orteils tout recroquevillés dans les vieilles.

Soyons honnête, c'était aussi à cause de ce genre d'interventions extérieures que je n'allais jamais au-delà de la une et de l'horoscope des magazines féminins...

— Écoute, mon petit chat, il faut que je fasse mes comptes et on en reparle, d'accord ?

— Oh, non...

— Quoi... oh, non ? Tu ne veux pas qu'on en reparle ?

— Non, je veux pas que tu fasses tes comptes... sinon je les aurai pas mes baskets... et les frères non plus ils les auront pas, leurs baskets... c'est nul de faire ses comptes.

Je me demandais parfois de qui tenaient mes enfants... de leurs pères respectifs (ils avaient chacun le leur) ou de moi... En ce qui concerne le petit dernier, né de mes amours torrides avec un contrôleur de gestion, je compris à ce moment précis qu'il tenait de moi, mais en souvenir de son père j'allumai l'ordi et je surfai sur mes comptes... puis sur les sites de vente de baskets... puis re sur mes comptes... et enfin vers la cuisine pour me faire hara-kiri avec le couteau à beurre.

Je venais de faire le calcul de ce que me coûterait l'achat de trois paires de baskets neuves (de marque, bien sûr, sinon ce n'est pas drôle) dont deux en pointure 43 et 46 : j'arrivais à la coquette somme de 430 euros… sans les frais de port ! Le même prix qu'un séjour en all inclusive dans un quatre étoiles à Cuba, ça faisait réfléchir !

J'avoue que laisser mes trois fils marcher avec les orteils recroquevillés pendant encore trois mois et me carapater peinarde dans les Caraibes était assez tentant, d'autant que dans les magazines féminins on n'arrête pas de dire aux femmes de penser un peu plus à elles et un peu moins aux autres. Trois paires de baskets contre huit jours au soleil, je n'eus aucun mal à me décider en rejetant un œil sur mon solde débiteur : mes enfants marcheraient en tongues jusqu'à ce que j'arrive à convaincre mon banquier de m'octroyer un prêt à la consommation pour acheter trois paires de Nike ; quant à Cuba, le simple fait de les voir marcher en tongues me ferait voyager.

Ce qui est moche quand on est pauvre, c'est qu'on est obligé de faire ses comptes. Alors que les riches, eux, ne font jamais leurs comptes, ou alors une fois par an pour compter la somme globale qu'ils pourront dépenser, sans compter, l'année suivante. Quel bonheur ! Quand j'observe mes amis riches, cette légèreté dans leur attitude, ces rires épanouis, ces mines bronzées toute l'année et ces corps entretenus par des massages à l'huile d'écorces de noyaux de papayes des hauts plateaux de Mongolie extérieure, je me dis que l'argent fait quand même un peu le bonheur ! Bon, ceci dit, les riches ne sont pas à l'abri du malheur, non plus… je me souviens, quand la première crise financière a éclaté, qu'est-ce qu'ils ont douillé, les pauvres riches, je n'aurais pas aimé être à leur place. Heureusement que mes amis riches ont pu compter sur moi à ce moment-là pour s'épancher sur leurs misères ; je leur remontais le moral avec mes coquillettes au beurre salé, dans mon appart de banlieue, ça les a aidés à relativiser ! Heureusement, aujourd'hui, les pauvres riches vont mieux : la crise les a rendus plus forts !

On est toujours un peu « aigri de la vie » quand on fait ses comptes… surtout ceux du mois de janvier ! Le mois de janvier est un mois détestable qu'il faudrait rayer du calendrier. On se dit qu'on n'aurait jamais dû dépenser tout notre argent à Noël pour faire plaisir à nos enfants (surtout quand on les surprend en train de revendre tous leurs cadeaux sur Ebay). On est frangipanés jusqu'aux yeux aussi, à force de se goinfrer de galettes des rois, on est gras, blancs et boursouflés. Il fait froid dehors, il fait froid dedans, et on ne peut même pas se consoler en faisant les soldes puisque « Noël, joyeux Noël ! » nous a mis sur la paille comme le petit Jésus… Alors quand, en plus, on s'aperçoit, en allant pleurer dans les toilettes, que les W.-C. sont fêlés et qu'ils fuient de la cuvette, on est en droit de penser que, peut-être, notre bonne étoile est une étoile filante… ou juste un satellite… ou une météorite qui est venue s'écraser dans la cuvette des W.-C. !

Après avoir longuement hésité entre me noyer dans la chasse d'eau et ingérer la bouteille d'Harpic W.-C. fraîcheur marine, je sortis finalement des toilettes avec une bien meilleure idée en tête : le conseil de famille anti-faillite personnelle !

— Les garçons, j'ai besoin de vous... c'est une question de vie ou de mort !

J'avais, il est vrai, le verbe un peu excessif dès qu'un problème d'ordre financier venait perturber mon quotidien déjà fort peu glorieux... mais je connaissais mes troupes : elles ne réagissaient que très rarement à des sentences mielleuses ; comme tous les enfants de cette génération, il leur fallait du lourd et de l'impactant pour mobiliser leurs neurones englués.

J'attendis quelques minutes afin que mes paroles impactantes arrivent aux cortex de leurs récepteurs... Et que mes ados pré- et post-pubères aient le temps de déplier leur carcasse pour la traîner jusqu'à leur génitrice adorée mais néanmoins au bord du suicide. Au bout d'une demi-heure, je dus me rendre à l'évidence : ces petits êtres que j'avais portés, nourris, décrottés, démorvés, à qui j'avais raconté des histoires débiles pour qu'ils ne le soient justement pas... Ces petits êtres, faits de ma chair et de mon sang, étaient devenus en quelques années de parfaits ingrats, égoïstes... et sourds ! Je ne me démontai cependant pas et je décrochai le cor de chasse de mon oncle Bobby qui trônait au-dessus de la télé pour rameuter la meute. J'inspirai profondément et je soufflai dans le cor comme la doyenne de l'humanité sur son gâteau d'anniversaire – mes veines du cou étaient prêtes à exploser, mes joues ressemblaient à deux fesses de bébé –, je pliai les jambes pour aller chercher au plus profond de moi de quoi faire hurler ce modeste instrument, mais malgré ma posture d'haltérophile serbe dans l'effort d'un épaulé-jeté, aucun son ne sortit du cor de chasse. Le seul et dernier son que j'entendis fut le bruit de mon corps quand il s'écrasa sur la table basse…

— Heu, M'man… ça va ?

Après un voyage dans la stratosphère, je perçus, au loin, la voix de Paul (dit Supermollusque), mon aîné, avant de replonger dans les abîmes du coma.

— Vas-y là… mets-lui des claques comme dans les films, dans les films ils mettent des claques et hop les gens ils se réveillent.

J'entendis, cette fois-ci, la voix d'Émile alias Beaugosse Ier, mon number two, et j'allais repartir faire un tour en zone léthargique lorsque je reçus ma première claque… puis la deuxième, ce n'est qu'à la dixième que je réussis à prononcer mon premier mot post-coma :

— Stop !

— Oh là là, M'man, tu saignes du front, il faut appeler le Samu social !

Je perçus, plus clairement cette fois-ci, la voix de Victor mon petit dernier (Razmocket pour les intimes). En revanche, je ne compris pas bien ce que venait faire le Samu social dans un accident de cor de chasse…

Après dix bonnes minutes passées à parlementer entre eux dans des termes très techniques, ils décidèrent qu'il n'était pas nécessaire de me faire les gaz du sang, ni de m'inoculer 30 cc de je ne sais quoi, vu que je n'avais pas de fibrillation ventriculaire, ni de signe apparent d'hémorragie cérébrale. La télé a du bon, finalement, grâce à *Docteur House* et *Grey's Anatomy*, on peut être médecin urgentiste à dix ans !

Une fois assise dans le canapé, je me remis peu à peu de mes émotions. Mon front ne saignait plus, la fuite avait été bien colmatée par la joyeuse bande de toubibs en herbe qui m'avait fabriqué un énorme pansement composé d'une bonne cinquantaine de feuilles de PQ posées les unes sur les autres… le tout tenu par le bandeau de tennis de Razmocket. Si George Clooney était rentré à ce moment-là, il m'aurait épousée sur-le-champ, c'est sûr !

— Bon les enfants merci, vous m'avez sauvé la vie c'est super ! Maintenant, il va falloir que vous me sauviez de la faillite.

— C'est quoi, déjà, la faillite ? C'est un magasin ? demanda Victor qui visiblement était meilleur en soins médicaux d'urgence qu'en vocabulaire économique.

— Non, ce n'est pas un magasin, mon cœur, mais c'est vrai qu'il y a un magasin qui s'appelle le Faillitaire et qui, justement, récupère des marchandises de magasins qui ont fait faillite.

— Ah non, moi je pensais pas à celui-là, je pensais aux Galeries Lafaillite.

— Ah ah ! Non, chéri, ce n'est pas les Galeries Lafaillite, c'est les Galeries Lafayette !

— T'es sûre ?

— Ah oui, je suis sûre, Victor, oui. Ça fait quelques années que j'y vais, tu vois, donc oui, je suis sûre…

— N'empêche qu'à chaque fois que tu rentres avec un sac marqué Galeries Lafayette dessus, tu vas toujours t'enfermer dans les toilettes en disant : « Ça y est, c'est la faillite, c'est la faillite, c'est la faillite ! »

De mes trois fils, Victor était le plus docile, le plus doux, le plus câlin, bref, celui qui était le plus en phase avec ma sensibilité, mais je sentis que ça n'allait plus durer très longtemps…

— Bon alors, justement, parlons des Galeries Lafayette-Lafaillite et de la société de consommation en général qui nous pousse à acheter, acheter, et encore acheter… qui transforme Noël, fête de la lumière et du partage, en une soirée commerciale débile qui… qui… qui pourrit tout !

— Ah, mais nous, M'man, on n'a pas participé à cette grande fête commerciale… nous, on n'a rien acheté, hein, à Noël, on n'a pas dépensé bêtement notre argent, on a fait qu'ouvrir nos cadeaux, donc heu… c'est pas la peine de t'énerver sur nous !

De mes trois fils, Paul était le plus âgé, le plus costaud, le plus beau, et aussi celui dont le niveau de mauvaise foi était inversement proportionnel à celui de ses études : il redoublait sa Première après avoir redoublé sa Seconde !

— OK… je vais m'exprimer différemment et je pense que vous allez mieux comprendre : vous voulez tous les trois des nouvelles baskets Nike 2.0 là… celles qui coûtent un bras ?

— Ah ouaieuuuuuuuhhhhhh trooooooooop !

— Vous voulez qu'on continue à aller au resto chinois ou au Buffalo Grill une fois par mois, et au cinoche et à Disneyland une fois par an ?

— Ah ben ouaiiiiieuuuuuuhhhhh !

— Bon alors, pour continuer à vivre dans ce grand luxe, il va falloir qu'on fasse tous autant qu'on est des petites économies, et ce, tous les jours, parce que là, moi, avec un seul salaire pour nous quatre, je ne vais pas m'en sortir.

— Ouais, enfin t'as les pensions de nos pères...

Cette intervention de Paul acheva de m'achever, je décidai donc qu'il était temps de dire certaines choses...

— C'est vrai, Paul, mais pour prendre ton exemple précis, tu engloutis la pension alimentaire que me donne ton père en cinq petits déjeuners...

— Et moi ? demanda Victor.

— Toi, c'est en cinq petits déjeuners et dix goûters !

Émile n'osa pas me poser la question, il savait que, malgré son air malingre et efflanqué, il était celui qui boulottait le plus : je le surprenais régulièrement la tête dans le frigo à 3 heures du matin ; je n'en avais jamais rien dit à ses frères pour éviter tout conflit sur la disparition mystérieuse des pots de Flanby au caramel.

— Bon enfin tout ça pour dire que, si on veut continuer à vivre correctement, il va falloir trouver des solutions, pour éventuellement faire rentrer un peu plus d'argent dans le pot commun.

— Tu veux dire pour qu'on puisse partir aux sports d'hiver cette année comme tu nous le promets depuis trois ans ?

La banderille de Paul m'alla droit au cœur en passant par la moelle épinière, j'étais une mauvaise mère, une mère qui ne tient jamais ses promesses, une parfaite looseuse qui, à quarante-trois ans passés, était incapable d'offrir à ses enfants la quintessence des vacances bourgeoises : la semaine aux sports d'hiver qui coûte deux mois de salaire et une rupture des ligaments croisés... Mais j'avais ma fierté et je répondis bravement :

— Absolument... je vous l'ai promis : cette année on partira aux sports d'hiver, et pour y arriver, il va falloir qu'on réfléchisse ensemble au moyen de stopper l'hémorragie financière de notre petite entreprise.

À la fin de cette phrase, je réalisai que non seulement je n'avais trouvé aucune solution à la faillite annoncée mais que je venais, en plus, de me recoller un petit débit de 4 000 euros au bas mot pour le mois suivant... Je me mis à repenser sérieusement à engloutir cette bouteille d'Harpic W.-C. fraîcheur marine, avant de me ressaisir.

— Ce qui serait sympa, ce serait de mettre tous nos talents en commun et de proposer nos services, le week-end par exemple ou le soir, pour nous constituer une petite cagnotte pour les sports d'hiver.

— Ouais, c'est bien ça, dit Paul, toi M'man, par exemple, t'es super douée pour couper les cheveux, c'est vrai, quand tu nous les coupes, tous les potes trouvent ça top.

— Ouais, c'est vrai, M'man, t'es trop douée comme coiffeuse, tu sais trop bien ce qu'on veut comme coupe. Tu coupes exactement là où on veut que tu coupes... moi j'ai trop de potes qui voudraient être coupés par toi, renchérit Émile.

Les enfants ont cette faculté magique de vous descendre en flèche en une phrase et de vous porter aux nues dans la minute qui suit, si leur intérêt est en jeu. Dans le cas présent, ils avaient effectivement intérêt à ce que ce soit mes talents à moi qui soient monnayables, les leurs étant encore… bien cachés !

— Donc, si je vous suis bien, je bosse la journée, et les soirs et week-ends je coupe les cheveux de vos potes dans la cuisine… et vous, vous faites quoi ?

— Nous, on est des apporteurs d'affaires, Maman ! On rabat les clients, on fixe les tarifs, on les fait monter, on les fait payer et on les raccompagne en bas.

Décidément, Victor n'avait que l'embarras du choix pour son avenir professionnel, il était aussi doué en médecine d'urgence qu'en proxénétisme aggravé. Il fallait absolument que je pense à lui offrir un costume rayé et des chaussures en croco blanches pour son prochain anniversaire.

Quoi qu'il en soit, l'idée n'était pas idiote, j'adorais couper les cheveux, je possédais aussi tout le matériel d'épilation, et l'extraction de points noirs sur visage acnéique était une de mes grandes spécialités. La perspective de monter une auto-entreprise de toilettage pour ados dans mon appartement ne me rebutait donc pas, bien au contraire : tout ce qui était susceptible de combler mon déficit chronique était bon à prendre.

*

Je me souviens très bien de la date à laquelle je reçus mon premier client, c'était le 13 janvier, le jour de la Sainte-Yvette, et Kamel, le copain de classe que Beaugosse Ier avait amené, était roux comme Yvette

Horner… C'était un signe sûrement, mais un signe de quoi ? Je ne sais pas, toujours est-il qu'Yvette m'a porté bonheur : Kamel était ravi de sa coupe en accordéon et de son épilation du torse.

En fait, mon talent de toiletteuse pour ados résidait essentiellement dans cette fabuleuse capacité d'écoute qui me caractérisait depuis toujours. Avant de démarrer une coupe, je discutais longuement avec le « jeune » et généralement, après trois quarts d'heure de concentration maximale, je parvenais à traduire tous ses grognements et onomatopées en instructions de coupe. En ce qui concerne Kamel, je ne m'étais pas trompée, j'avais bien cerné son désir profond de ne pas rentrer dans les codes, de sortir des sentiers battus et de coller à sa passion pour le tuning. Ce jeune-là était un anticonformiste capillaire patenté, il lui fallait quelque chose de très underground : mi-ringard, mi-vintage. Je lui fis donc une coupe « ringage » : court sur le dessus du crâne, frange assez longue et légère queue de castor au niveau de la nuque, le tout bien dégradé bien sûr pour éviter l'effet Playmobil !

Quand j'y repense, c'est grâce à la coupe de Kamel que j'ai ensuite pu asseoir ma réputation et transformer mon auto-entreprise de toilettage pour ados en quasi-empire du CAC 40 ! J'étais loin de m'imaginer que le bouche-à-oreille marcherait si bien : la hit coupe « ringage » de Kamel était devenue en quelques jours le must have de ce qu'il fallait avoir sur la tête, et la cagnotte pour les sports d'hiver commençait à se remplir.

Les rabatteurs faisaient très très bien leur boulot : les clients se succédaient les soirs et week-ends et, en continuant sur ce rythme, ça n'est plus une semaine aux sports d'hiver qu'on allait pouvoir se payer mais un chalet à Gstaad pour prendre le tire-fesses avec Johnny et Laeticia !

C'était sans compter sur le sort qui s'acharna une fois encore…

*

— M'man, téléphone !

— Qui est-ce ? Je suis en plein effilage là !

Émile entra dans la cuisine en bouchant le micro du téléphone avec sa main droite et me demanda de sortir du salon de coiffure pour plus de discrétion vis-à-vis de la clientèle. Une fois dans l'entrée, il chuchota à mon oreille :

— C'est la mère de Jérémy, je sais pas ce qu'elle a, j'ai rien compris, elle a parlé d'une histoire de cocker…

Je pris le combiné fébrilement tout en essayant de me souvenir de ce Jérémy : était-ce ce jeune homme très poilu à qui j'avais sculpté deux superbes rouflaquettes en forme de goutte d'eau ?

À l'intonation de la voix de sa mère au téléphone qui faillit me faire saigner l'oreille, je sus tout de suite qu'il s'agissait bien de lui. La mégère ne semblait visiblement pas apprécier à sa juste valeur le nouveau look de son fils, qu'elle qualifia de « cocker américain » et commença à me menacer d'odieuses représailles si je ne réparais pas, dans la soirée, les dommages causés.

J'acceptai donc en bafouillant de transformer le cocker américain en fox à poil dur à grands coups de tondeuse mais la version G.I. JOE de Jérémy ne sembla pas non plus faire l'unanimité dans sa famille : le lendemain c'est son père, un soixante-huitard sur le retour, qui débarqua chez moi à 9 heures du soir pour me dire sa façon de penser… une façon de penser qui n'était pas très « peace and love » puisqu'il prit mes ciseaux et ma tondeuse et les balança dans le vide-ordures avant de partir.

Après ce léger incident de parcours, je décidai de demander à chaque postulant au relooking capillaire de se munir d'une autorisation parentale sans laquelle je refuserais de tailler les touffes. Mais mon chiffre d'affaires s'en ressentit aussitôt, la croissance négative me guettait, le spectre des Lehman Brothers planait sur mon auto-entreprise en panne de Jackson Brothers… Il fallait prendre une décision, je la pris, la larme à l'œil, en stoppant net mon activité, ce qui soulagea tout le monde, surtout mon aspirateur qui était asphyxié par tous ces poils d'ados.

Le moment du bilan avait donc sonné : après la cessation d'activité, il était temps de passer aux comptes, mais les bénéfices furent bien maigres : 290 euros ! Juste de quoi racheter un nouvel aspirateur, une paire de ciseaux et une tondeuse pour éviter d'avoir à payer le coiffeur à mes trois chevelus. Car à force de faire du toilettage pour les ados des autres, j'en avais oublié les miens qui commençaient à ressembler sérieusement à des lévriers afghans… quoique… en ce qui concerne l'aîné, la comparaison avec Demis Roussos était plus appropriée.

Après une longue nuit de réflexion stérile, je me rendis à l'évidence : à moins d'un miracle, il me serait très difficile d'honorer à la fois mes dettes, mes agios et la promesse faite à mes enfants de partir une semaine aux sports d'hiver en février. Je décidai donc, la mort dans l'âme, de prendre rendez-vous avec mon conseiller clientèle, mon banquier comme on disait avant, mais moi mon banquier est un conseiller clientèle, je n'ai pas encore la chance d'avoir un conseiller patrimonial qui est le niveau au-dessus. La nuance entre les deux appellations est somme toute assez cohérente : le conseiller patrimonial donne des conseils à ceux qui ont du patrimoine afin qu'ils en aient encore plus, et le conseiller clientèle donne des conseils aux « clients ». « Les clients » étant ceux qui permettent au conseiller clientèle de pouvoir passer un jour conseiller patrimonial grâce aux frais bancaires colossaux et aux agios qu'il leur inflige. Oui, parce qu'un bon client, en langage bancaire, c'est un pauvre qui, pour éviter d'être encore plus pauvre, s'endette à longueur d'année auprès de sa banque. Et qui lui conseille de s'endetter ? Son conseiller clientèle.

Mon conseiller clientèle à moi s'appelle Thierry et il y a deux mois il s'appelait Sabine ! Ce qui ne veut pas dire que mon conseiller clientèle est un travelo qui a pris son destin en main en allant se faire opérer au Maroc grâce à son quinzième mois de salaire… Non, pas du tout : mon conseiller clientèle change tout simplement d'identité assez régulièrement afin de m'user nerveusement. Il y a deux mois, j'avais en effet expliqué ma situation financière et professionnelle à Sabine S pour qu'elle comprenne bien que, mon activité étant un chouia précaire, il n'était pas rare que je dépense plus que je ne gagne. Mais Sabine a dû être promue conseillère patrimoniale à force de me pomper des agios et elle a laissé sa place à Thierry B : mon nouveau conseiller financier de la nouvelle année à qui je m'apprêtais à jouer la scène 6, acte IV de la mama quadra solo laminée par la crise. Avec un peu de chance, le 1er janvier il aura pris la bonne résolution d'aider son prochain et avec un peu de chance son prochain, ça sera moi !

En attendant mon tour dans le hall de la banque, j'étais assez confiante, je savais que mes talents de comédienne pouvaient parfois faire des miracles. La dernière fois que j'avais été arrêtée par la police avec un portable dans une main et le volant dans l'autre, j'avais quand même réussi à faire pleurer les deux motards en leur racontant l'horrible histoire de ma tata Jacqueline à qui on venait d'annoncer l'amputation du membre inférieur droit et dont j'essayais de remonter le moral au téléphone. Quel monstre sans cœur répondrait à une pauvre femme au bord de l'amputation : « Tata ça va couper ! » Tout ça parce que j'étais suivie par deux motards de la police nationale ! Les motards s'étaient platement excusés, la larme à l'œil, et j'avais pu reprendre ma conversation de la plus haute importance avec Sophie la girafe, une collègue d'open-space qui venait de casser son talon sur une bouche d'égout.

Curieusement, quand Thierry B, mon conseiller clientèle, apparut dans le hall, je sus tout de suite que la tâche serait beaucoup plus difficile qu'avec les deux motards : il était plutôt du genre pas mal, il avait l'air sûr de lui, sa poignée de main était franche et son sourire désarmant, il ressemblait un peu à Ken, le copain de Barbie. Ken le banquier me fit entrer dans son ridicule bureau de conseiller clientèle et quand il me demanda avec un sourire comportant une bonne soixantaine de dents blanches :

— Que puis-je faire pour vous ?

Je répondis sans hésiter :

— Tout ce que vous voulez.

Et nous commençâmes à discuter à bâtons rompus de ma vie de mère célibataire au bord de la dépression, de mes trois fils lourdement handicapés mentaux (j'avais pris l'option de ne grossir que très légèrement la réalité). J'évoquai également le chat Cacao adopté l'an passé dans un refuge SPA et qui développait une forme de schizophrénie très rare chez les félins : il se prenait pour Mike Tyson et passait son temps à boxer dans le vide avec ses pattes avant. Cette pathologie entraînait régulièrement de graves dommages corporels et matériels dans le foyer, qui n'étaient pris en charge ni par ma mutuelle ni par mon assurance habitation…

J'allais enchaîner sur mes trois ex-maris réfugiés politiques (ou ex-tôlards, j'hésitais encore) et mes 479 CDD précaires, quand le téléphone de Ken le banquier sonna, me permettant d'échafauder les plans d'une histoire d'escroquerie à la carte vitale… tout en écoutant, d'un air dégagé, la conversation de Ken le banquier au téléphone…

— Ah ça, c'est une bonne nouvelle !… parfait, pouvez-vous me sortir le dossier et m'apporter le formulaire de déblocage ? Merci ! dit Ken le banquier en regardant Barbie la cliente avec un demi-sourire satisfait.

En raccrochant le téléphone, Ken le banquier me fit même un petit clin d'œil que je pris pour argent comptant… forcément !

— Madame Guillon, j'ai une bonne nouvelle !

— Mademoiselle, je préfère, ça m'a coûté suffisamment cher de divorcer trois fois, alors si en plus vous m'appelez Madame… il faut me demander en mariage tout de suite !

À ma grande surprise, Ken ne refusa pas ma proposition, il se pétrissait même le menton avec la main droite, signe qu'il était en train de réfléchir à ma proposition, alléchante il faut l'avouer ! Mais quand son « assistante » lui déposa un dossier sur son bureau, je compris, à sa façon de la regarder dans les fesses, que ce malaxage de menton pré-coït ne m'était pas destiné… En revanche, il avait quand même une bonne nouvelle pour moi, enfin pour lui surtout :

— Mademoiselle Guillon, j'ai repris ce matin avant votre venue tout votre dossier et j'ai une bonne nouvelle pour vous… vous avez trois mille deux cents euros de disponibles quand vous voulez !

— Ah c'est merveilleux, comment ça se fait ?

— En fait, il y a cinq ans vous avez placé quatre mille euros sur un compte…

— Ah oui, c'est ce que j'avais réussi à gratter quand j'ai divorcé, en revendant le canapé en cuir et le scooter sur Ebay, et vous m'aviez mis ça sur un compte bloqué huit ans pour que ça rapporte plus.

— C'est vrai mais la législation nous permet aujourd'hui de vous débloquer les trois quarts de la somme à l'excellent taux de 6,7 %.

— C'est quoi cette histoire de taux ?

— C'est ce qui vous permet de débloquer dès aujourd'hui l'argent bloqué !

— Donc, pour résumer, vous m'avez fait placer il y a cinq ans la coquette somme de quatre mille euros, en la bloquant huit ans pour que ça me rapporte 5 % et aujourd'hui, vous me proposez de me prêter MON argent à 6,7 % ! Vous me prenez pour une courge ?

Ken le banquier se mit à rosir légèrement mais ne se démonta pas...

— Je ne me permettrais pas... je ne vous connais pas assez, de toute façon on n'a pas le choix : si je vous prête de l'argent, je vous le prêterai à 6,5 % minimum, c'est pas tellement mieux !

— Oui bon, bref, pour éviter de me prêter le vôtre, vous préférez me prêter le mien, c'est logique !

— Soyez raisonnable, Mademoiselle Guillon, on ne peut décemment pas vous prêter de l'argent alors que vous en avez...

— Je n'en ai pas puisque vous me l'avez bloqué pour huit ans !

— Mais si, vous en avez, puisque je vous le débloque !

— Vous me le débloquez si je paie ! Mais je refuse de payer pour avoir le droit d'utiliser mon propre argent !

— Alors vous continuerez de payer des agios pour avoir le droit d'être à découvert !

Cette dernière phrase de Ken le banquier aurait dû m'achever : devant tant de mauvaise foi capitaliste, je ne trouvai rien à répondre. En guise de représailles et pour éviter de lui déverser mon fiel sous forme d'injures, je décidai de m'enfoncer dans le fauteuil que j'occupais pour réfléchir… Le fauteuil était si confortable, j'étais si fatiguée, que je m'assoupis un instant, le temps de rêver que j'étais quelqu'un d'autre, dans un monde meilleur…

« Vivre d'agios et d'eau fraîche » était la devise de la secte dont j'étais « la gouroute », le féminin de gourou, un mot que j'avais inventé et qui était rentré illico dans le Larousse. Dans ma secte, aucune contrainte financière n'était autorisée. Tous les membres avaient juste l'obligation d'être interdits (ou fichés) à la Banque de France. Ils devaient vivre dans l'opulence grâce au système bancaire qu'ils avaient pour devoir de pilonner par tous les moyens légaux. Plus ils avaient d'agios plus ils étaient importants dans l'organigramme de la secte et plus je les récompensais en leur autorisant par exemple à me masser les pieds. Ma secte grossissait un peu plus chaque jour, forcément : la proportion de soldes débiteurs étant bien plus importante que la proportion de soldes créditeurs, un nombre incalculable de foyers miséreux adhéraient au concept « Vivre d'agios et d'eau fraîche » sous-titré : « Fric and Love, Nique ta Banque ».

Et bientôt, je me retrouvai à la tête de la première puissance humaine du monde : celle qui allait faire basculer le fonctionnement financier de la planète par le poids des agios cumulés de millions de personnes…

Mes sujets m'apportaient des offrandes pour me témoigner leur gratitude, et je faisais livrer dans chaque foyer des tonnes de macarons de chez Ladurée en guise de Pépito… Jacques Séguéla venait d'ailleurs de déposer sa Rolex à mes pieds lorsque je fus réveillée par la main virile de Ken le banquier qui me secouait l'épaule gauche…

— Mademoiselle Guillon, je veux bien vous laisser réfléchir à votre situation, en revanche là… l'agence va fermer, donc il va falloir prendre une décision.

— Ah oui désolée… heu… Vous ne voudriez pas m'épouser, par hasard ?

— Moi ? Heu… Non, pourquoi ?

Je faillis lui répondre « pour vivre d'agios et d'eau fraîche », mais un simple coup d'œil sur le calendrier publicitaire accroché au-dessus de son bureau vantant les mérites du crédit revolving/revolver me ramena à la réalité.

— Parce que ça m'arrangerait : deux salaires dans un foyer c'est toujours mieux qu'un, ceci dit rassurez-vous, on se marie en janvier, on reste trois ou quatre mois ensemble, le temps que je me refasse et après je vous libère !

— D'accord… c'est ça… en attendant c'est moi qui vous libère.

Ken m'accompagna gentiment vers la porte de sortie avec le sourire crispé d'un ambulancier en psychiatrie.

En montant dans mon petit bolide garé devant la banque, je sentis son œil qui me regardait depuis son bureau... Il était visiblement ébahi par tant de beauté mécanique ! Il est vrai que le fuselage et la couleur de ma BX jaune (mi-banane mi-poste) étaient admirables, le juvénile Ken n'en avait certainement jamais vu d'aussi près dans sa jeune carrière. Il resta longuement à regarder mon vaisseau à suspension hydraulique des années 1980 se lever du museau puis du popotin avant de s'élancer telle une fusée sur le macadam de la banlieue Est.

Ce n'est qu'après m'être garée devant ma résidence des années 1960, que je remarquai le petit papillon à double volet coincé dans l'essuie-glace de ma berline. J'avais dû piquer un sacré roupillon dans le bureau de Ken le banquier : dépassement de trois heures ! En bonne resquilleuse, je cherchai illico une erreur dans le remplissage du PV qui aurait pu faire l'objet d'une contestation écrite. Et j'en trouvai une : dans la case « modèle », la pervenche aubergine inculte de la maréchaussée municipale avait inscrit : « inconnu » !

Je voyais déjà la lettre que j'allais envoyer : « Le modèle de ma voiture est : BX de marque Citroën, il ne correspond pas au modèle décrit sur le procès-verbal, il ne s'agit donc pas de mon véhicule ! Nananèreu, salutations distinguées bande d'ignares et gros poutous au préfet ! »

Décidément, cette petite entrevue avec Ken le banquier m'avait remontée à bloc, je sentais monter en moi la fièvre contestataire. Moi d'habitude si affable, si résignée, si respectueuse de l'ordre établi, j'avais subitement envie de tout dégommer autour de moi. J'étais comme possédée par une force occulte qui me poussait à la rébellion sous toutes ses formes. Nous étions samedi, je décidai donc de m'attaquer à mon voisin du dessous pour me faire la main avant de me farcir mon patron dès le lundi matin !

Mon voisin du dessous s'appelait Monsieur Pinelli. À chaque fête des voisins, il critiquait bruyamment les spécialités culinaires concoctées par la communauté pour l'occasion, surtout quand elles émanaient des familles maghrébines et africaines. Il parlait fort et vulgairement et se grattait systématiquement les bijoux de famille quand il croisait une femme dans la rue. Monsieur Pinelli avait donc bien mérité que je déverse sur lui tout mon fiel contenu depuis des années. Monsieur Pinelli resta comme pétrifié sur le pas de sa porte et, dès le lendemain, Monsieur Pinelli me salua fort poliment quand il me croisa dans l'escalier sans même effleurer ses petites perles de Tahiti...

J'espérais que ça marcherait aussi bien sur mon patron…

2

En février… c'est pas gagné non plus ! En plus, il fait encore plus froid qu'en janvier !

En attendant mon RER ce matin-là, boudinée dans ce manteau camel étriqué qui me donnait un petit côté saucisse de Morteau momifiée, je repensais à la stratégie offensive que j'avais mise en place au boulot, dans le but unique de voir mes émoluments augmenter de façon substantielle. Forte des résultats obtenus sur Monsieur Pinelli, j'avais également opté pour la fermeté agressive avec mon patron, mais une semaine s'était déjà écoulée sans qu'aucune promesse d'augmentation m'ait été faite. J'allais devoir passer à la phase 2 assez rapidement si je voulais emmener mes enfants à la montagne pour les vacances d'hiver.

*

Après une heure et demie de transports en commun en tous genres et dix minutes passées près du tourniquet d'entrée de ma boîte à chercher mon passe dans mon sac à main, je pénétrai dans l'open-space avec la grâce d'un bouledogue anglais et l'humeur d'un pitbull. Nadège était déjà là… Nadège était une jeune créature fraîchement recrutée par mon patron pour ses formes généreuses et sa bouche de mérou, mais à qui il manquait visiblement un petit quart d'heure de cuisson : ses réflexions sur l'outil informatique, notamment, auraient pu faire l'objet d'une conférence neuropsychiatrique aux entretiens de Bichat.

Mais Nadège était également la créature la plus bordélique que je connaisse. Je pensais avoir fait le tour de la bordélique attitude avec mes ados d'appartement, mais les débordements intempestifs de Nadège sur MON bureau, dans MON open-space, m'avaient fait changer d'avis : il y avait bien pire que mes enfants !

Chaque matin en arrivant je repoussais donc consciencieusement les dossiers de Nadège sur SON bureau, j'empilais ses gobelets vides et ses paquets de « Gerblé à la figue et au son », témoins d'un transit pour le moins défaillant, avant de pouvoir commencer à envisager d'allumer mon ordinateur pour débuter une dure et longue journée de labeur. Chaque matin, avant de pouvoir me concentrer, je devais faire le vide dans ma tête et ne pas écouter les conversations téléphoniques de Nadège, des conversations d'un très haut niveau intellectuel relatant ses expériences de speed dating, ou les problèmes rencontrés lors de la pose de son vernis à ongles Chanel bleu turquoise.

Mon patron disait toujours : « Pour qu'une entreprise fonctionne il faut des têtes et des jambes ! » Il n'avait, en revanche, jamais précisé la proportion de têtes et de jambes mais un rapide survol de son open-space permettait d'établir un ratio assez proche de la réalité : une tête pour douze jambes en moyenne.

Ce qui veut dire que Nadège n'était pas le seul exemplaire de créature décérébrée dans mon open-space… il y en avait tout un troupeau !

J'ai toujours eu horreur de bosser avec des femmes, surtout celles qui mettent beaucoup de vernis à ongles et qui font des brushings. Petite, j'étais un vrai garçon manqué : je détestais les poupées mais j'adorais jouer au rugby avec les garçons qui me plaquaient dans la boue avec délectation. Ça m'est resté, d'ailleurs, toute ma vie je me suis fait plaquer par les garçons, dans la boue ou sur des quais de gare, mais je continue de les préférer aux filles !

Toujours est-il que je n'ai pas vraiment eu le choix au niveau professionnel. Quand le père de Victor (mon dernier-né) m'a plaquée après cinq ans de mariage, on travaillait dans la même boîte, alors, pour éviter de le croiser tous les matins à la machine à café et de lui balancer mon « long sans sucre goût café en grains » dans la figure, j'ai démissionné et j'ai pris ce que j'ai trouvé : un job de rédactrice plus ou moins intermittente du spectacle dans une société de production audiovisuelle composée à 95 % de femmes. Autrement dit, j'étais chargée d'écrire des questions débiles, pour des jeux débiles, présentés par des animateurs débiles, sur des chaînes de télé débiles, le tout dans un open-space rempli de filles débiles, supervisées par un patron obsédé par le sexe, les bimbos, l'argent, les jeux vidéo et les voitures de sport. J'avais donc décroché un job méga épanouissant !

Fort heureusement tout ça allait changer ! J'allais entrer dans la phase 2 de mon plan de carrière, la phase 1 qui consistait à comparer mon cerveau à celui d'Einstein pour négocier une sérieuse révision de mon salaire n'ayant pas abouti. Il faut dire que l'entretien s'était terminé par cette phrase ô combien délicate et raffinée de mon boss : « T'as peut-être le cerveau d'Einstein mais moi je préfère les bombes atomiques, ah ah ah ! » Il est vrai que, rétrospectivement, j'aurais dû choisir le cerveau de Spinoza ou de Sartre, sa repartie eût été moins cinglante.

Ce matin-là, en écoutant Nadège parler au téléphone de son nouveau string en fibre de bambou équitable, une idée de génie me vint à l'esprit : pour décrocher mon augmentation, j'allais rentrer dans la peau d'une manager senior, j'allais révolutionner cette boîte en proposant à mon patron de développer un département « Concept de jeux et divertissements », département dont je serais nommée directrice éditoriale bien évidemment, et qui me permettrait d'atteindre un niveau de salaire digne des plus grands dirigeants du CAC 40. Je pris donc rendez-vous le jour même avec « JTK », c'est comme ça qu'il voulait que tout le monde l'appelle dans la boîte (c'est vrai que Jean Thomas Kramy, c'est moins glamour).

En déboulant dans son bureau à 13 heures, juste avant son déjeuner quotidien dans un resto huppé du quartier, je savais déjà que je frappais fort : tenaillé par la faim, il ne pourrait pas refuser mon offre et me donnerait rendez-vous dans l'après-midi pour approfondir ma proposition. Mais, à ma grande surprise, il n'avait aucun déjeuner prévu, et il me proposa donc de « manger un morceau » avec lui au chinois du coin, une invitation inespérée qui allait m'ouvrir les portes de la fortune et du pouvoir.

L'œil rivé sur son godet de saké, JTK tentait depuis dix bonnes minutes d'entr'apercevoir l'entrejambe de la pin-up asiatique alanguie au fond du digestif. À son demi-sourire satisfait, je sus qu'il avait enfin réussi à dénombrer deux seins et une touffe noire, en revanche toujours pas un mot sur l'exposé que je lui avais fait au début du repas.

J'avais commencé à lui parler du nouveau département « Concept de jeux et divertissements » alors qu'il plongeait ses nems (et ses doigts) dans la sauce nuoc-mâm. J'avais poursuivi en parlant de mon rôle de directrice pendant qu'il aspirait bruyamment ses nouilles sautées et j'avais enfin évoqué la question de mon salaire alors qu'il faisait mumuse avec sa boule coco gélatineuse. Mais j'attendais toujours un commentaire avisé sur mon projet... qui arriva avec l'addition :

— Mouais… Faut voir… je réfléchis et cht'e mail.

J'espérais juste qu'il allait réfléchir plus vite que… que Nadège, par exemple, si je voulais que mes enfants puissent partir aux sports d'hiver avant la fonte définitive des glaciers d'Europe du Nord !

À mon retour, Nadège avait, comme à son habitude, investi mon bureau pendant ma pause déjeuner. Elle avait le sien comme tout le monde mais curieusement elle préférait déguster son plat en sauce « Colin d'Alaska sauce gribiche » au-dessus de MON clavier d'ordinateur, ce qui donnait à mes touches le goût exquis de morue de fin de marché et à mes doigts l'odeur sublime de crevettes avariées. En me voyant arriver, elle se carapata à l'autre bout de l'open-space pour aller parler « push up et hit bag » avec sa copine Cindy qui avait la particularité de s'être vu attribuer par Dame Nature la totalité de sa matière grise dans les deux seins, qu'elle avait dû siliconer pour le coup, tant leur taille était ridicule.

Sur l'écran de mon ordinateur, je pus constater à quel point la vie de Nadège était riche et passionnante : douze pages Internet étaient ouvertes, toutes plus intéressantes les unes que les autres : Meetic... ventes privées... Pure People et surtout sa page Facebook sur laquelle elle posait allongée lascivement sur une peau de bête.

Quand le téléphone sonna, je m'aperçus, à l'odeur du combiné, que Nadège avait également dû agrémenter son repas par des croûtons à l'ail, mais ce que j'entendis dans le combiné me fit oublier illico ce doux parfum :

— Mouais... c'est JTK... tu peux venir dans mon bureau, qu'on reparle de ton projet.

Mon cœur se mit à battre très fort... enfin JTK reconnaissait que j'étais une pièce maîtresse sur l'échiquier de sa boîte, enfin il comprenait que, pour survivre dans ce milieu hostile de la production audiovisuelle, il devait s'entourer d'individus talentueux et brillants qui allaient, par leur créativité et leur réactivité, faire de JTK Prod le premier prestataire de jeux et divertissements de France... puis d'Europe... puis du monde forcément.

Galvanisée par ce nouveau challenge qui allait me propulser dans les hautes sphères du PAF, j'oubliai de frapper avant de pousser la porte de JTK, mais il ne parut pas perturbé : il ne bougea pas une oreille, ses yeux étaient rivés sur l'un des douze écrans de télé de son immense bureau, et il riait par saccades... J'attendis debout à côté d'un fauteuil en cuir blanc que le programme se termine et je me mis à regarder dans la même direction que JTK pour rire un peu, moi aussi.

Mais dans l'axe des yeux de JTK il y avait trois écrans : le premier diffusait *Motus* et celui qui arrive à rire devant *Motus* ne peut être qu'un grand psychopathe. Le second diffusait *Dora l'exploratrice* et même si je trouvais mon patron parfois un peu régressif, je l'imaginais assez mal se gondoler en entendant « cheaper, arrête de chiper ! ».

Et à ma grande surprise, le troisième écran diffusait un film porno... je refis donc la trajectoire qui partait des yeux de JTK jusqu'au mur d'écrans de télé et je dus me résoudre à l'évidence : JTK se marrait comme une baleine en regardant... un film porno !

Je n'avais jamais regardé beaucoup de films porno dans ma vie mais, quand ça m'était arrivé, il me semble que le monsieur qui regardait à côté de moi, et qui est devenu par la suite mon premier mari, n'avait pas du tout envie de rigoler... non... il m'avait juste sauté dessus et mon premier enfant était né neuf mois plus tard.

Un homme qui rigole en regardant un film porno à 16 heures dans son bureau est-il en pleine possession de ses facultés mentales ? Devais-je interrompre son visionnage en toussotant pour qu'il recouvre ses esprits ? Ou devais-je composer le numéro de l'hôpital psychiatrique le plus proche ? Si JTK se marrait devant un film porno, que devait-il faire quand il culbutait une bimbo ? Peut-être chantait-il *La Marseillaise* en faisant l'amour… Ou alors il faisait l'amour avec son doudou sur l'oreiller…

Un chapelet de questions se bouscula dans ma tête sans que je trouve de réponses réellement appropriées, mais j'étais loin, très loin de m'imaginer la question qu'allait me poser JTK et la tournure qu'allait prendre mon entretien de future directrice du département « Concept de jeux et divertissements »…

— Tu crois que tu pourrais me pondre un concept de jeux ou de divertissements sur le sexe ?

Je sentis mes bras se détacher de mon tronc et mon rythme cardiaque se mettre en mode triple galop option « Grand Prix d'Amérique ». Je ne répondis pas tout de suite au risque de mettre ma future carrière en péril. Je respirai un grand coup en pensant à mes enfants dévalant les pistes enneigées et j'articulai enfin :

— Ça coûte combien une semaine à quatre aux sports d'hiver ?

Visiblement perturbé par ma contre-question, JTK ne se laissa toutefois pas démonter et me répondit sans hésitation :

— Ça dépend… tu veux aller à Courche, à Gstaad ou à Aspen ?

J'avais plutôt pensé à une petite station familiale dans le Massif central, mais c'est vrai qu'en passant directrice, je pouvais prétendre au top du nec plus ultra de la hit station de sports d'hiver avec plein de people dans la queue du tire-fesses…

— Tu le veux pour quand, ton concept de jeux sur le sexe ?

— La semaine prochaine j'ai une réunion avec le divertissement du groupe M6 pour la grille des programmes de l'été prochain, donc si je pouvais le présenter, ça serait bien.

La grande spécialité de JTK était de prendre rendez-vous avec les dirigeants des différentes chaînes de télé sans avoir de projets à leur proposer, il appelait ça occuper le terrain, j'appelais ça du foutage de gueule. Quoi qu'il en soit, pour une fois, JTK ne se pointerait pas à son rendez-vous mensuel les mains vides, ce qui ne signifiait pas pour autant qu'il allait revenir les bourses pleines !

Je me mis illico à travailler sur le concept d'un jeu ou d'un divertissement basé sur le sexe. Et je dus me rendre à l'évidence, ce n'était pas mon domaine de prédilection : le Kama-sutra et moi, ça faisait trois. Étant plutôt timide et pudique de nature, je n'avais jamais approfondi la question au-delà des petits basiques nécessaires aux préliminaires et à la reproduction. En revanche, je savais que je pouvais compter sur certaines de mes connaissances comme ma bonne copine Sarah « Docteur Es Fesse » et nymphomane de renom qui malgré ses quarante-neuf printemps continuait d'explorer toutes les facettes de l'accouplement sous toutes ses formes de façon très assidue. Quelques-uns de mes amis gays étaient aussi très créatifs dans ce domaine, et en balayant l'open-space du regard, il était évident que j'allais également pouvoir exploiter les forces vives de cette entreprise : quand on marche en roulant des fesses sur des talons de treize centimètres avec autant d'aisance, on doit sûrement être très souple une fois à l'horizontale !

J'étais en train de lister tous les mots, expressions populaires et situations relatives au sexe sur mon ordi lorsque Nadège décrocha son téléphone et demanda à son interlocuteur dans une sorte de miaulement proche du couinement de porte :

— On joue ce sooooooiiiiiiiirrrrr ?

Je n'entendis pas la réponse de son partenaire de jeu mais avant de raccrocher, elle soupira :

— OK bébé… 20 heures chez moooooaaaaaaaa…

J'en conclus qu'ils n'allaient ni jouer au tennis ni jouer au Scrabble, et j'en profitai pour entamer la conversation avec celle qui allait devenir mon fournisseur officiel de vocabulaire sexuel et autres fioritures érotico-charnelles.

Au bout de quatre jours de discussions dégoûtantes sur la vie intime de Nadège et un travail de recherche éreintant sur ce qui pouvait concerner la gaudriole sous toutes ses formes, j'étais enfin en mesure de pouvoir élaborer une sorte de jeu débile mêlant l'humour et le sexe. Partant du principe que les blagues à connotations sexuelles ont toujours fait rire « grassement » le commun des mortels et « sous cape » les plus coincés, il était évident qu'un jeu érotico-rigolo ferait rire dans les campings le soir à l'heure de l'apéro mais pas que. Le jeu s'appellerait *L'été sera chaud dans les tee-shirts, dans les maillots*, histoire de ne pas avoir à se fouler pour trouver la musique du générique.

Ma principale problématique sur ce jeu était d'éviter tout dérapage vulgaire : il était hors de question que le département que je dirigerais dans peu de temps soit à l'origine d'un concept éculé et grossier. J'allais révolutionner le genre en proposant de la fesse, grand public certes, mais surtout grande classe !

La veille du rendez-vous de JTK chez M6 j'envoyai, par mail, mon concept de *L'été sera chaud dans les tee-shirts, dans les maillots* avec exemples à l'appui. J'avais suivi les consignes de JTK : « Pas plus de trois pages sinon ça les embrouille et pas de mots compliqués sinon… c'est compliqué ! »

Le lendemain du rendez-vous, j'avais à peine foulé la moquette de l'open-space que mon téléphone sonnait déjà à mon bureau : JTK voulait me voir de toute urgence.

Ça sentait bon la promo, ça sentait bon le chalet à Gstaad, mes fils allaient enfin admettre que leur mère était une femme admirable et exceptionnelle qui se sortait toujours des pires situations avec la maestria des grands de ce monde. Mon destin était en marche… Je quitterais bientôt ce petit 60 m² de banlieue pour un 150 m² dans le 6e, je ne m'habillerais plus chez Kiabi, je troquerais ma BX pour une Porsche Cayenne, j'arrêterais de faire mes courses chez Lidl, je mangerais bio du matin au soir… Et à force de manger bio et de nager dans l'opulence, j'aurais une mine resplendissante, l'œil vif, le cheveu brillant, le sourire aux lèvres, je ne serais plus ballonnée par la malbouffe et enfin, enfin, un homme superbe, drôle et généreux me prendrait pour épouse... Pour me piquer tout mon fric et me tromper avec une bimbo décérébrée.

Avant de réserver mes quinze jours à quatre dans un cinq étoiles de Gstaad, je pris mon bloc-notes dans les bras, adoptai la démarche sûre et affirmée de la directrice de département en toisant au passage quelques employées, et je volai littéralement jusqu'au bureau de JTK.

Avant que j'aie eu le temps de pousser la porte de son bureau, il en sortit en me percutant violemment et en profita pour m'écraser le pied gauche (celui qui porte bonheur)...

— Une envie pressante ! me cria-t-il dans le couloir qui le menait aux toilettes.

— Je connais ça, j'ai une toute petite vessie !

Ma réponse était franchement crétine mais je me disais qu'entre « managers » il était bon d'instaurer une certaine proximité dans les relations, voire un début d'intimité. La taille de ma vessie me parut donc une bonne approche pour mieux nous connaître.

En m'asseyant dans le canapé en cuir blanc qui faisait face au mur d'écrans de télé du bureau de JTK, je ne remarquai pas tout de suite la présence de Nadège qui rangeait des DVD à genoux sur la moquette. Mais quand elle se mit à chantonner « Baby baby one more time » avec le même vibrato qu'une pintade auvergnate, je compris tout de suite que quelque chose se tramait derrière mon dos.

JTK rentra tout essoufflé de son petit tour au petit coin et referma la porte derrière lui avant de venir me rejoindre sur le canapé. À ma grande surprise, il demanda à Nadège de se joindre à nous.

— Bon, autant te le dire tout de suite, M6 a adoré le concept de jeu que tu m'as pondu, ils veulent un pilote, c'est plutôt bon signe…

— C'est génial ! Tu te rends compte, premier concept et premier succès ! Je t'avais dit que tu pouvais compter sur moi pour développer ce nouveau département, ça va donner une bouffée d'air pur à la boîte et…

JTK me coupa la parole en souriant bêtement à Nadège d'un air complice.

— Oui… d'ailleurs, à ce propos, Nadège m'a dit qu'elle t'avait beaucoup aidée au niveau du contenu, donc pour la direction de ce nouveau département « Concept de jeux et divertissements » j'ai décidé de vous mettre en compétition toutes les deux avant de faire mon choix définitif. Vous avez jusqu'à la fin de l'année pour faire vos preuves et en décembre une de vous deux sera nommée à la direction du département.

J'avais commencé à griffonner un soleil et un cocotier sur mon bloc-notes mais, pendant l'intervention de JTK, mes gribouillis avaient vite pris la forme de têtes de morts et autres couteaux ensanglantés… Je restais digne mais je n'en pensais pas moins.

J'étais prête à retourner à mon bureau en lançant des Scud au napalm en direction de Nadège, mais JTK me demanda de rester pour retravailler le concept de *L'été sera chaud dans les tee-shirts, dans les maillots.*

— Comment ça, retravailler le concept… je croyais qu'ils avaient adoré ?

Nadège ouvrit la bouche pour la première fois mais elle n'aurait jamais dû…

— En fait, ils ont bien aimé le principe d'un jeu sur le sexe, mais ils trouvent que le concept ne va pas assez loin, tu vois, ils le trouvent trop… heu trop… enfin pas assez… heu j'veux dire…

Je terminai sa phrase sinon on allait y passer la soirée, voire la fin de la semaine…

— Trop prude, pas assez vulgaire, OK je vois, ils veulent des gros seins et des gros cochons ? Pas de problèmes… Nadège, tu dois avoir ça en magasin ! Moi, je vais vous laisser, j'ai des questions à écrire pour Jean-Pierre Foucault… et c'est mon dernier mot !

Ça n'était pas la première fois que je hurlais dans le bureau de JTK, et d'habitude ça me faisait du bien, mais cette fois-ci il fallut en plus que j'aille au distributeur de junk-food pour engloutir deux Twix et trois Mars avant de me calmer. Je venais de subir la pire humiliation de ma carrière : me faire doubler par une « deux neurones » siliconée et montée sur échasses, j'étais vraiment la reine des courges. Non seulement j'étais moche, petite, grosse et quadra, mais j'étais de surcroît d'une naïveté déconcertante : à quarante-trois ans trois quarts, j'étais encore persuadée que la gentillesse payait toujours plus que la méchanceté, que le bien triomphait toujours sur le mal… Tu parles !

Je pouvais dire adieu à mes quinze jours à Gstaad, mes enfants n'iraient encore pas aux sports d'hiver cette année, ils seraient bientôt grands et préféreraient plutôt partir avec leurs copains, je n'aurais jamais de souvenirs de vacances au ski, de descentes aux flambeaux et de fondues savoyardes avec eux… À leurs yeux, je serai toujours une mère qui ne tient pas ses promesses… Quand ils seront adultes, ils iront « consulter » forcément et leur psy leur dira que s'ils glissent peu à peu vers un mal-être généralisé, c'est parce que leur mère a été incapable de les emmener glisser sur les cimes enneigées, leurs femmes en rajouteront une couche, elles m'empêcheront de voir mes petits-enfants et je finirai seule et maltraitée par le personnel soignant dans un hospice de banlieue.

Le bruit d'un verre en cristal qu'on entrechoque raisonna dans mon sac et me sortit de mes pensées sordides. C'était Paul, mon grand garçon bientôt majeur, mon Supermollusque adoré, qui m'envoyait un SMS : « Mam, j'ai une super nouvelle à t'annoncer, rentre vite ! » Je faillis lui répondre : « Ça tombe bien, moi j'en ai une super mauvaise à vous annoncer » mais j'optai pour une réponse plus positive : « Génial? j'ai hâte !!! »

Il me restait encore sept stations de métro avant mon changement à Saint-Lazare et quatre stations de RER avant un autre changement, puis trois stations de tram avant d'arriver à neuf cents mètres à pied de la maison. Autant dire que j'avais encore un peu de temps devant moi pour élaborer un discours adapté afin d'annoncer l'annulation pure et simple des vacances au ski sans que cela provoque trop de dommages collatéraux dans les circonvolutions neuropsychiatriques de mes rejetons.

Je pensai tout d'abord procéder comme quand ils étaient petits : pour leur éviter une frustration trop violente quand je devais leur annoncer que leur doudou adoré s'était fait la malle dans une bouche d'égout, je commençais par une nouvelle beaucoup plus dramatique du genre : « Maman a cassé ton biberon… Pas de biberon, ce soir, mon bébé, mais ce n'est pas grave, tu feras un gros câlin à ton doudou et ça remplacera le biberon ! » La réaction était immédiate : des pleurs atroces se déclenchaient à la façon d'une sirène de pompiers le premier mercredi du mois. Mais avant qu'ils n'atteignent le niveau de décibels déconseillé par l'OMS et l'AFSSAPS, je sortais le biberon magique de mon sac et le sourire revenait sur le visage poupon de mon enfant inondé par la grâce.

Ça n'était qu'une fois le biberon dans le bec que j'annonçais que le doudou s'était fait arrêter par la police pour trafic de stup' et qu'on ne le reverrait pas de sitôt, ce qui ne provoquait généralement aucune réaction : la gloutonnerie prenait déjà le pas sur les sentiments !

J'étais debout dans le tram à un quart d'heure de la maison et je n'avais toujours pas trouvé la super-mauvaise-nouvelle tragico-dramatico-poignante qui allait faire oublier l'annulation de la semaine aux skis. Seule une annonce météo prévoyant un réchauffement climatique de grande ampleur qui transformerait les massifs montagneux de la planète en déserts arides dans les quinze jours aurait pu sauver mon image de mère irréprochable, et d'éducatrice modèle. Mais cette andouille d'Évelyne Dhéliat s'obstinait à annoncer tous les soirs des conditions idéales pour les prochaines vacances de février qui commençaient en mars pour la zone C.

N'ayant toujours rien trouvé au moment de tourner ma clef dans la serrure de la porte de l'appartement familial, j'optai pour la posture de la mère de famille harassée par une dure journée de labeur : les pieds en feu, la migraine naissante et le dos en marmelade, je m'écroulai sur le canapé en soufflant comme une Charolaise pendant la traite. J'espérais par ce stratagème gagner un peu de temps et, qui sait, trouver une solution miracle pendant la nuit qui « porte conseil », comme le dit le proverbe... Mais comme le proverbe dit aussi « qui dort dîne », il était fort probable que je me réveille le lendemain avec la recette du koulibiac de saumon dans la tête, ce qui ne m'était d'aucune utilité dans le cas présent.

— Ah, M'man t'es là !

Émile, le cheveu filasse et les bras qui traînent par terre, fit son entrée en baggy de rappeur dans le salon qui nous servait aussi de salle à manger. Cet enfant (le deuxième dans le sens de la ponte) avait la treizaine ingrate : ses bras avaient grandi plus vite que le reste de son corps, ce qui lui donnait un petit côté « homme de Neandertal revenant de la chasse au mammouth » qui avait son charme, certes, mais qui pouvait dérouter au premier regard. Mon Émile était planté là devant moi tout sourire avec son acné florissante, et le regarder si confiant, si positif malgré son look de rappeur des cavernes, me redonna une énergie que je croyais éteinte à jamais après le coup de massue professionnel que je venais de prendre derrière la tête dans l'après-midi.

— Oui, mon chat, je suis rentrée, et je suis contente d'être rentrée ! Tu as passé une bonne journée, ça a été au collège ?

Son sourire perdit un peu d'intensité mais pas pour longtemps.

— Il t'a dit la bonne nouvelle, Paul ?

— Non, pas encore, il est là ?

— Oui, il est dans la chambre avec Victor, ils sont en train de faire le tri dans le sac des affaires de ski qu'ils ont remonté de la cave.

Les pauvres gosses… Je leur avais tellement laissé espérer que cette année était la bonne qu'ils avaient déjà été chercher les affaires de ski que j'avais récupérées il y a six ans à la bourse au ski de la CAF. À mon avis, six ans après, les combinaisons risquaient de leur remonter les coucougnettes jusqu'aux amygdales… Pas pratique pour skier mais très drôle pour se déguiser ! Eh ben voilà : comme mardi-gras tombait pendant les vacances, on se déguiserait en skieurs dans l'appartement en mangeant des beignets, ça les ferait rire… Ou pas !

— Paul, Victor… Maman est là…

Émile trépignait d'impatience. Je ne comprenais toujours pas pourquoi.

Paul allait-il m'annoncer les débuts « trop délire » de sa première histoire d'amour, une excellente note en math, un score hallucinant au bowling de la Wii, un nouveau forfait de portable revu à la baisse ?

Quand mon Paul débarqua avec le masque de ski d'un enfant de trois ans sur les yeux et un bonnet à pompons qui laissait dépasser ses oreilles décollées, je ne pus retenir la petite goutte d'eau salée qui commençait à gonfler dans le coin interne de mon œil gauche. Elle s'écrasa sur mon jean, ni vu ni connu, et je masquai mon désespoir de mère miséreuse par un large sourire figé.

— Maman, c'est génial ! Dis, tu te souviens d'Antoine ?

— Antoine… le fils du boulanger à côté de la gare ?

— Oui, eh ben ses parents m'aiment bien, tu sais, depuis que je me suis accusé à sa place d'avoir mis la vidéo du prof de math en train d'embrasser la CPE sur Internet...

— Ah ben oui, je m'en souviens, ça t'a valu trois jours d'exclusion, pour un truc que tu n'avais pas fait.

— Oui, mais comme il avait déjà un gros dossier chez le proviseur, s'il s'était dénoncé, il serait passé en conseil de discipline et ils l'auraient viré définitivement et après sa mère eh ben il m'a dit qu'elle se serait suicidée.

Effectivement, avec de tels arguments, je comprenais mieux pourquoi mon fils s'était dénoncé. Il était comme moi finalement : naïf, crédule, généreux… En un mot : idiot !

— Eh ben, pour me remercier, les parents d'Antoine ils nous prêtent leur appartement aux sports d'hiver pendant la première semaine, eux ils y vont la deuxième, c'est génial, non ?

Tout compte fait, mon fils avait bien fait de se faire passer pour le garçon naïf, candide et crédule qu'il n'était pas du tout, son esprit calculateur avait finalement fini par payer !

Nous allions pouvoir partir aux sports d'hiver sans pour autant être obligés d'hypothéquer l'appartement familial dont nous n'étions que locataires, mon honneur de mère de famille célibataire tendance looseuse était sauf, la vie reprenait le dessus, nous allions nous aussi revenir tout bronzés, avec une grosse trace blanche autour des yeux : le rêve devenait réalité.

— C'est… c'est vraiment très gentil de leur part, ça tombe bien, je venais de poser une option sur un appartement dans une petite station du Massif central mais du coup je vais l'annuler… Où il est, leur appart ?

— Val-d'Isère, ch'crois, tu connais ?

— Ah oui, oui, je connais, c'est un peu le Gstaad du pauvre, c'est pas mal du tout, ils font quoi, comme métier, ses parents, déjà ?

— Boulanger, M'man, tu sais, c'est le boulanger…

— De la gare… Oui, je vois très bien, celui qui vend ses baguettes tradition à 1 euro 20 et ses éclairs à 4 euros 50, il doit avoir une villa au Cap Nègre aussi sûrement, tu demanderas à Antoine à l'occasion…

— Par contre, M'man, va falloir faire quelque chose pour nos combinaisons parce que là, c'est la cata.

Cette dernière intervention de Paul me replongea illico dans le bain de la dure réalité économique : le prêt de l'appartement était une chose mais il restait encore : les équipements, les forfaits, le transport et la nourriture. Autant dire l'équivalent d'un rein sur le marché parallèle du don d'organes. Mais j'aimais trop mes reins pour les vendre aux enchères sur Internet, je décidai donc de m'emprunter de l'argent à moi-même en remboursant les intérêts à ma banque, ce que je fis, la mort dans l'âme dès le lendemain.

Au bureau, JTK reçut ma demande de congés avec pertes et fracas :

— Comment peux-tu, en pleine préparation du pilote d'un nouveau jeu, penser à partir en vacances ?

Il oubliait que chaque jour de chaque mois de chaque année il y avait, dans cette boîte, quelque chose sur le feu qu'il était urgent de développer pour la veille. Cette fois-ci, ce serait sans moi… je refilais le bébé à Nadège qui allait faire des merveilles !

Quand Einstein part au ski, la bombe atomique explose et elle va en mettre plein partout ! C'est sur cette allégation d'une drôlerie à couper le souffle que JTK me signa, en bougonnant, ma feuille de demande de congés pour la deuxième semaine du mois de mars.

Avant de partir et pour torpiller définitivement le pilote de *L'été sera chaud dans les tee-shirts, dans les maillots*, je proposai en réunion que Nadège en soit l'animatrice, ça couterait moins cher à la boîte et elle avait tous les atouts de séduction pour présenter un divertissement vulgaire sur le sexe.

JTK me lança une œillade contenant une bonne dizaine de missiles de type Tomahawk mais Nadège, elle, me lécha littéralement le museau du regard en signe de remerciement. J'avais presque hâte de revenir de ma semaine aux sports d'hiver pour visionner le jeu version Nadège. Mais avant de revenir, il fallait déjà partir.

*

Entre les emprunts de combinaisons et autres doudounes aux amis et à la famille, la réservation des billets de train, et les valises à préparer j'étais au bout du rouleau. Il fallait, qui plus est, trouver un individu de sexe masculin pour garder le chat Cacao : félin psychopathe qui avait pour habitude de tenter de violer sur le canapé toute femelle de quelque race que ce soit en lui lacérant le dos avec les pattes arrière. J'aurais pu demander à Monsieur Pinelli, mon voisin du dessous fraîchement amadoué, de venir nourrir le chat, mais je n'avais pas encore totalement confiance en lui. Il s'était assagi avec moi, mais qu'en était-il de son racisme viscéral ? Le chat Cacao était noir (d'où son nom), je ne prendrais pas le risque de le retrouver transformé en abat-jour et je préférais le confier aux bons soins de Fifi et Coco, mes amis fidèles : un couple d'homos qui vivait au même rythme que les chats : bamboula la nuit, dodo le jour. Je leur déposerais le précieux félin deux jours avant le départ pour qu'il s'adapte à ses tantes.

Mes amis riches m'ayant prévenue que, dans cette station huppée de la Haute-Tarentaise, il n'y avait ni Lidl ni ED l'épicier ou autre harder de grand renom, je décidai de consacrer une valise entière à la nourriture : il était hors de question que je torpille le budget vacances en achetant des boîtes de Chocapic et de Miel Pops à prix d'or. Évidemment, si j'avais pris l'option « voyage en BX », j'aurais pu augmenter de façon conséquente le budget nourriture, mais le simple fait de m'imaginer en panne dans un virage en épingle, de nuit par moins 18 degrés Celsius, au bord d'un précipice, sans pneus neige quelque part entre Bourg-Saint-Maurice et « l'Espace Killy », m'avait assez rapidement fait renoncer. D'autant qu'avec la remorque qu'il aurait fallu louer pour mettre toutes les valises, j'avais calculé que quarante-six heures étaient nécessaires pour faire le trajet (par vents favorables), ce qui ne nous laissait plus que trois jours pour faire du ski... enfin pour nous fracturer le tibia ou le péroné et nous arracher les ligaments du genou !

Nous partirions donc en train-couchettes, pour nos premières vacances aux sports d'hiver en famille : le rêve !

3

En mars… c’est le tendon de la farce !

— Paul, Émile, Victor… vous avez vos tickets ? Chacun gère son ticket et sa valise, hein… moi j’ai la mienne plus celle de la nourriture, je ne peux pas, en plus, m’occuper de vos tickets de RER qui vont resservir pour le métro après, donc vous ne les perdez pas !

J’avais bien tenté deux-trois approches auprès de certains de mes amis les plus charitables : ceux qui allaient à l’église tous les dimanches et qui possédaient donc ces énormes monospaces appelés communément « bétaillères à catho », mais aucun d’entre eux n’était libre ce soir-là pour nous véhiculer, ma marmaille, moi, et nos cinq valises, jusqu’à la gare de Lyon. Nous nous débrouillâmes donc avec les transports en communs : un excellent échauffement pour les ischio-jambiers et les lombaires avant le ski.

J’avais prévu un peu de marge au cas où une valise, voire un enfant, tomberait sur la voie ferrée de façon inopinée au cours du voyage jusqu’à Paris : nous étions partis de l’appartement à 16 heures pour un train qui partait de la gare de Lyon à 22 h 30, ce qui nous laissait le temps de faire une pause d’une demi-heure à chaque changement pour nous compter et remettre nos cervicales en ligne.

Durant ce voyage, j'eus le loisir de faire une analyse assez précise des valises à roulettes de mauvaise qualité. Elles étaient fabriquées en Chine, se vendaient dans les bazars de banlieue et avaient la particularité de ressembler comme deux gouttes d'eau à des Samsonite, et comme deux gouttes d'huile à des savonnettes ! Ce qui caractérisait la valise bon marché « Made in China », c'était ce penchant à pencher puis à vriller à la moindre aspérité du macadam et enfin à tomber lourdement sur le côté en arrachant au passage les ligaments du poignet de son propriétaire. Les valises « Made in China » étaient parfaites pour s'échauffer le bras avant d'aller faire un tennis, par exemple… Mais il était très rare d'aller faire un tennis en traînant une valise « Made in China » derrière soi. J'en terminai donc avec mon analyse de la valise à roulettes « Made in China », en citant La Fontaine : « Rien ne sert de courir il faut partir à point. »

*

J'avais oublié à quel point l'ambiance des trains de nuit est si particulière. J'en prenais régulièrement à une période de ma vie de jeune adulte pour aller rejoindre un petit copain dans le Sud de la France le week-end. Épuisée par une semaine de glandouille intensive dans l'amphithéâtre de la fac, je m'endormais généralement avant d'avoir fait connaissance avec mes compagnons de couchettes.

Le train de nuit qui mène aux stations de ski avait la particularité d'être peuplé de créatures étranges : déjà vêtues de leur pantalon de ski et de leur doudoune, elles déambulaient dans les couloirs, en chaussettes de ski, à la recherche d'une place pour leur paire de skis paraboliques ou leur planche de surf... Ou leur valise « Made in China ».

Il faut dire que le principe du train-couchettes n'a pas évolué depuis des siècles. C'est un domaine qui a totalement été délaissé par les ingénieurs de la SNCF ! C'est comme le rhume pour la médecine : on est capable de greffer des trucs incroyables sur des gens mais on ne sait toujours pas soigner un rhume. Alors quand on a le rhume dans un train-couchettes, là... ça prend vite des proportions dramatiques.

Le concept du train-couchettes est assez simple en soi : le principe est d'entasser à l'horizontale un maximum de gens dans un minimum d'espace en reproduisant, à l'identique, la technique du plat à lasagnes : plus il y a de couches, meilleur c'est à l'arrivée ! On commence par une couche de valises, ensuite on met une couche d'humains en pyjama ou en combi de ski, c'est au choix, sur lesquels on rajoute une petite couche fine de sacs à dos, puis re-une couche d'humains et re-une couche fine de petits sacs de nourriture ou de trousses de toilette, et enfin on arrive près du plafond et là on colle la dernière couche d'humains et l'ultime couche de valises qu'on cale bien entre le plafond et les pieds de la dernière couche d'humains du haut pour éviter qu'elle ne tombe dans la nuit sur la première couche d'humains du bas.

Il arrive malheureusement parfois que la dernière couche de valises « Made in China » du plafond soit mal arrimée et que lors d'une manœuvre en gare de Lyon-Perrache sur le coup de 2 heures du mat', les deux fois trois couches d'humains soient réveillées en sursaut par l'écrasement au sol d'une bombe à roulettes. Mais c'est ce qui fait le charme du train-couchettes. L'autre petit bonheur du voyage en train de nuit étant bien évidemment le plaisir olfactif... Ce petit fumet qui flotte dans l'air vicié de chaque compartiment est un régal pour les narines, un feu d'artifice de fragrances : une sorte de préambule de la soirée raclette que l'on organisera dans l'appartement le lendemain soir et qui parfumera petits et grands jusqu'à la fin du séjour !

Fort heureusement, cette nuit quelque peu chaotique ne serait plus qu'un mauvais souvenir quand nous prendrions possession de nos chambres dès le lendemain matin.

Aux environs de 4 heures du matin, n'arrivant toujours pas à dormir, je décidai de m'extraire de mon baldaquin estampillé SNCF afin d'aller prendre une grande bouffée d'air pur... dans le couloir. Je n'étais visiblement pas la seule à avoir des difficultés respiratoires, une bonne vingtaine de congénères en pantalon et chaussettes de ski étaient accoudés à la fenêtre. Cernées, pochées, blafardes, ces créatures de l'aube n'étaient pas très belles à voir, ce qui voulait dire que je ne devais pas, moi non plus, être au top de ma magnificence. Qu'à cela ne tienne, dormir debout affalée sur la rambarde de la fenêtre du couloir d'un train de nuit était presque plus agréable que de tenter de trouver le sommeil dans un compartiment rempli d'individus qui parvenaient à produire, malgré les tout petits orifices dont la nature les avait pourvus, un maximum de décibels.

À l'approche des Alpes, les langues commencèrent à se délier et le couloir se transforma assez vite en basse-cour, chacun échangeant sur sa destination, son niveau de ski ou son mode d'hébergement. J'engageai pour ma part la conversation avec un homme d'une cinquantaine d'années, les yeux bleus pétillants de malice... ou de perversité, qui riait à mes bons mots comme un gamin à qui on lit des blagues Carambar. Il allait lui aussi à Val-d'Isère mais pas dans le même quartier que le mien. Il m'expliqua que son chalet était situé en plein cœur de la station quasi au milieu des pistes et, quand je lui donnai le nom de la résidence qui abritait l'appartement qu'on me prêtait, il fit la même tête que le vieil orang-outan du Jardin des plantes.

Je compris pourquoi quelques heures après…

*

L'arrivée à Bourg-Saint-Maurice fut comparable au pire des cataclysmes : 8,9 au moins sur l'échelle de Richter. Il nous fallut une bonne heure et demie pour : sortir du train, remonter dans le train pour récupérer les affaires oubliées dans le compartiment, redescendre sur le quai, ranger en boule les affaires de la nuit dans les valises, s'étirer, se remettre les cheveux dans le sens de la marche, rouvrir les valises pour sortir les polaires et les après-ski après s'être aperçus que nos orteils ne bougeaient plus, ouvrir la valise de nourriture pour en extraire une boîte de Chocapic et nous diriger vers le coin des navettes de bus.

Il y en avait une bonne dizaine qui attendaient les retardataires les soutes ouvertes. Après un quart d'heure d'errance matinale au milieu des bus avec nos valises à roulettes « Made in China » qui tenaient encore moins la route sur la glace savoyarde que sur le bitume parisien, nous trouvâmes enfin la navette qui desservait la charmante station de Val-d'Isère (dans l'Espace Killy). Les soutes étaient fermées en signe de protestation, sûrement... Nos valises « Made in China » n'y étant pas les bienvenues, il nous fallut donc les monter dans le bus et les garder à côté de nos sièges.

Après quarante-deux virages en épingle et soixante-quatre chutes de valises « Made in China », j'avais le bras dans le même état que celui d'un bûcheron canadien après l'abattage d'une forêt d'érables. Cependant la perspective d'une belle journée de ski avec mes trois fistons me fit oublier toutes mes courbatures. Le soleil se levait sur les cimes enneigées et les visages inondés de bonheur de mes ados redevenus des garçonnets émerveillés m'éloignaient encore un peu plus de Paris, de ma banlieue sordide, de Nadège et JTK, de Ken le banquier et du taux prohibitif de l'emprunt que je m'étais fait à moi-même mais qu'il allait falloir que je lui rembourse À LUI, dès le mois suivant...

En ouvrant la porte de l'appartement de la Daille, le quartier le plus « populaire » de Val-d'Isère dixit l'orang-outan du train, je ne fus pas immédiatement prise à la gorge par l'odeur de plastique brûlé, tant l'exiguïté de l'endroit prit le pas sur les restes olfactifs d'un incendie dans les étages supérieurs. Après une bonne aération, l'odeur était partie. En revanche, l'appartement n'avait pas grandi…

En fait, l'appartement pour cinq était un studio composé d'une pièce unique avec un canapé, une table et des chaises ; et d'un couloir contenant trois lits superposés. Le coin-cuisine était comme il se doit situé dans un coin de la pièce unique, ainsi que la salle de bain puisque l'évier de la cuisine se baissait pour se transformer en bac à douche ! Magique ! Il suffisait juste de faire descendre le rideau accroché sur le placard à vaisselle pour pouvoir prendre sa douche peinard pendant que le reste de la troupe regardait la télé : le top de l'aménagement d'intérieur pour Lilliputiens du pôle Nord !

L'avantage de ce genre d'organisation domestique, c'est qu'on pouvait faire la vaisselle pendant qu'on prenait sa douche, ou l'inverse : économie d'eau, appart écolo, poilade à gogo…

Ce que je n'avais, en revanche, pas prévu c'est que mes valises « Made in China » ne pourraient pas loger avec nous dans le studio faute de place et, comme je n'avais pas l'intention de louer un autre studio pour les loger, nous les descendîmes dans le local à skis, en espérant que des locataires de l'immeuble ne les prennent pas pour des luges.

Après l'installation dans le studio, les deuxième, troisième et quatrième grands défis de cette première journée aux sports d'hiver nous attendaient : la location du matériel, l'achat des forfaits et l'attente dans la première queue du premier télésiège !

En redéposant notre matériel chez le loueur après un après-midi passé à 2 000 mètres d'altitude, le constat était sans appel : si nous voulions dévaler les pentes enneigées de l'Espace Killy autrement que sur les fesses ou sur le dos et éviter de nous servir de nos dents de devant pour freiner nos rocambolesques glissades, nous devions prendre quelques cours.

Le local de l'École de Ski Français, ESF pour les initiés, fourmillait de jeunes hommes en chaussures de ski et blouson rouge et blanc, bronzés et bien bâtis qui déambulaient dans les couloirs avec le naturel d'une escadrille de scaphandriers au bal du 14 Juillet. Je repérai au loin un très beau spécimen étiqueté « Alexis » et je lui fonçai dessus avant qu'une autre cliente ne repère sa plastique parfaite. Je lui décrivis notre niveau de presque débutants, il sourit et nous promit que nous saurions dévaler les pistes noires de l'Espace Killy « en moins de temps qu'il ne faut pour le dire ». Rendez-vous fut donc pris pour nous cinq dès le lendemain 9 heures. Je trouvais ça un peu tôt pour un deuxième jour de vacances et après une première nuit quasi blanche, mais nous étions enfin en vacances au ski, il fallait donc en profiter à fond !

*

— C'est pas lui, là-bas ?

J'essayais en vain de retrouver notre Alexis dans la marée humaine qui peuplait le départ des pistes et le point de rendez-vous « ESF », mais une fois en tenue et avec des lunettes, ils se ressemblaient tous.

— Mais c'est nul, tout le monde part sauf nous ! Il est où le Alexis, là pour une fois que j'étais content de venir en cours, c'est le prof qui vient pas, ça se fait trop pas !

Émile était furax, du coup il reprenait cet accent de racaille de banlieue que j'appréciais tant.

— Mais M'man 9 h 20, là ! On a déjà perdu vingt minutes, faut peut-être aller voir ce qui se passe !

Je dois avouer que congelée dans ma combinaison Arlequin des années 1980 récupérée chez mon ex-belle-mère, ma réactivité était un peu grippée. Mais je pris mon courage à deux mains et mes chaussures de ski à mon cou pour me traîner jusqu'au bureau de l'ESF et m'enquérir de ce qu'était devenu notre moniteur.

Alexis ayant visiblement pris une grosse cuite au génépi la veille, il avait oublié d'entendre son réveil ; on nous colla donc Jean-Luc à la place. Jean-Luc était nettement moins sexy qu'Alexis mais c'était ça ou rien, tous les autres étaient pris.

Jean-Luc s'avéra en fait très délicat : à chaque virage, pour nous forcer à plier sur nos jambes, il répétait : « Légers comme des ailes de papillon, souples comme des bretelles de pantalon. » Le seul problème, c'est qu'il ne savait dire que ça et qu'à la fin de la matinée on aurait volontiers dégommé un troupeau de papillons avec nos bretelles de pantalon et Jean-Luc avec !

Après la première journée, nous étions déjà beaucoup plus stables sur nos jambes, et je décidai qu'il était temps de voler de nos propres ailes dès le lendemain. Pour fêter nos progrès, j'achetai du fromage du cru, du vin blanc, et du pain et je concoctai une véritable fondue savoyarde dans la cuisine/salle de bain de notre appartement/clapier.

J'étais en train d'essayer de faire fondre cette vacherie de fromage dans ce foutu vin blanc quand mon téléphone sonna dans la poche de ma combinaison Arlequin qui séchait au-dessus de l'évier/bac à douche.

— Allo, mes petits chatons, comment ça va ?

Le numéro de Fifi et Coco, mes amis homos qui gardaient le chat Cacao, s'était affiché, bien que je ne reconnusse pas tout de suite leurs voix…

— Ah ben, ça n'a pas l'air d'aller fort… il n'est rien arrivé au chat Cacao, au moins ?

Fifi était au bout du rouleau, mais le chat Cacao, lui, allait très bien ! D'après ce que j'avais compris dans le flot de paroles déversées par Fifi, le chat Cacao avait très bien supporté son changement de cadre de vie, tellement bien qu'il menaçait les propriétaires de son nouveau « chez lui » dès qu'ils s'approchaient un peu trop près de leur canapé ou de leur lit… Résultat, depuis trois jours, Coco et Fifi ne fermaient plus l'œil de la nuit : Fifi avait installé un matelas dans la baignoire et Coco dormait en boule dans un fauteuil de peur de se faire attaquer par le « Mike Tyson » des gouttières. J'eus beau expliquer à mes amis que le chat

Cacao était un grand sentimental et que son comportement était celui d'un félin en mal d'amour… ils renouvelèrent leur souhait de se voir débarrassés de cet intrus poilu dans les plus brefs délais.

— Bon, ne paniquez pas… je vais trouver une solution et je vous rappelle.

Pendant le dîner, je mis à contribution mes trois mollusques cramoisis par leur première journée de ski, mais à part le bromure dans les croquettes, aucune solution digne de ce nom ne sortit de notre fondue savoyarde grumeleuse à la sauce Cacao.

J'aurais bien appelé Sarah, pour qui finalement une expérience amoureuse avec un chat noir en manque d'affection ne devait pas être un problème, mais après réflexion, il eût aussi fallu lui demander d'arrêter pendant cinq jours de recevoir des bipèdes masculins chez elle si elle ne voulait pas les voir repartir en lambeaux le lendemain matin… J'abandonnai donc la piste Sarah et me rabattis sur mon ex-belle-mère, la grand-mère d'Émile : un cerbère d'un mètre 85 au garrot qui avait élevé six garçons au martinet et deux maris jusqu'à la tombe… Cette mission était pour elle !

Après une rapide vaisselle dans le bac à douche et une toilette dans l'évier, j'organisai par téléphone le transfert de la bête du Gévaudan de l'appartement gay au pavillon sinistre de Gisèle Léonard : c'était le nom de mon ex-belle-mère, d'où le petit surnom de « Cerbère Léonard » trouvé à Noël 94 par un collectif de belles-filles maltraitées. Ça n'est qu'aux alentours de minuit 45 que je m'allongeai enfin sur ma couche au niveau inférieur de la triplette de lits superposés du couloir de l'appartement/clapier dans une bonne odeur de fondue savoyarde mêlée à celle des chaussettes de ski séchant sur le radiateur.

*

Nous avions décidé la veille de nous lever tôt le lendemain pour passer la journée sur les skis mais quand je vis les premiers flocons blancs tomber dans la nuit noire, je me dis qu'un grain de sable était en train de se glisser dans notre organisation.

Au matin du troisième jour, le grain de sable s'était transformé en congère énorme qui nous empêchait de sortir de l'immeuble pour nous rendre au départ des pistes. Renseignement pris via RadioVal, la radio locale, l'épisode neigeux était si intense et si soudain, si soudainement intense donc, qu'aucune piste ne serait ouverte avant la sécurisation totale du domaine par les pisteurs de la station. La sécurisation totale du domaine dura trois jours… Et l'épisode neigeux enchaîna directement sur un épisode de froid polaire : moins 40 la nuit, moins 12 le jour, une purée de pois à couper à la tronçonneuse et un domaine skiable transformé en patinoire.

Le jeudi, mes ados de sports d'hiver, qui commençaient à trouver le temps long dans leurs lits superposés, décidèrent de partir tous les trois à la conquête de la Sibérie avec leurs skis paraboliques… Je préférai, quant à moi, ne pas salir de mon sang la montagne immaculée, un dévissage inopiné sur la face de Bellevarde étant si vite arrivé. Qui plus est, ma mutuelle ne remboursait que certains frais de dentisterie : l'utilisation des incisives en guise de piolet ne rentrait pas dans le cadre de la prise en charge. Nous partions le lendemain soir, je consacrai donc ma journée à ranger l'immense appartement que nous devions rendre dans un état impeccable pour l'arrivée prochaine des généreux propriétaires.

Pour fêter la fin des vacances, et surtout parce que j'étais épuisée par ma journée de ménage, j'avais décidé d'emmener mes trois yétis au restaurant, une réjouissance que je dus remettre à plus tard : quand lesdits yétis rentrèrent de leur journée de dérapage sur plaque de verglas, ils étaient tellement tuméfiés et frigorifiés qu'ils refusèrent catégoriquement de ressortir par ce froid de gueux.

Le lendemain, leurs courbatures ayant pris le pas sur leur envie de glisse, ils décidèrent de rendre leur matériel, je décidai de faire mes comptes : sept cents euros de forfaits, trois cents euros de location de matériel, deux cent dix euros de cours, huit cent vingt euros de billets de train pour deux journées de ski, des lèvres crevassées et des plaies à panser, heureusement que je n'avais rien déboursé pour la location du clapier à lapins sinon je serais allée m'immoler au génépi devant l'office du tourisme.

— M'man, si je me remettais au tennis, tu voudrais bien être mon coach ?

Victor était le plus sportif des trois garçons, il m'avait à peu près coûté deux ans de salaire en achat de tenues diverses et variées et inscriptions à des clubs de sports. Il y avait eu le judo, l'escrime, l'équitation, le tir à l'arc, le VTT, le hockey sur glace, le tennis, le ping-pong, le football, le jujitsu, la boxe, le hip-hop et le handball mais aucun n'avait jamais trouvé grâce à ses yeux. Passé les six premiers mois, il rentrait des entraînements en critiquant ses adversaires, ses coéquipiers et ses entraîneurs et je savais que la fin était proche. Le pire étant le judo qu'il arrêta net du jour au lendemain en décrétant qu'il en avait assez de sentir les pieds qui puent de ses adversaires quand ils le plaquaient au sol dans des positions scabreuses, ce que je pouvais comprendre ayant moi-même subi ce genre d'épreuves olfactives durant mon enfance.

En attendant la navette pour Bourg-Saint-Maurice le vendredi soir, les pieds dans la neige, il eut comme une sorte de révélation : le tennis se jouait en manches courtes et par beau temps, ça n'était pas salissant, on ne prenait pas de coups, on n'était pas obligé de prendre sa douche en équipe à la fin des matchs. Il opterait donc définitivement pour ce sport dès son retour à la maison, et sa mère bien-aimée l'accompagnerait en tant que coach personnel jusqu'à son accession à la première place de l'ATP (le classement des meilleurs tennismen mondiaux)... Sa mère bien-aimée resta silencieuse, les pieds gelés dans ses chaussures de ville... Elle préférait ça au ski, finalement.

*

Je déconseille à quiconque d'enchaîner deux nuits en train-couchettes dans la même semaine. Passé un certain âge, les séquelles sont irréversibles et fort handicapantes : tête de basset artésien garantie pendant les dix jours suivants, douleurs lombaires et cervicales nécessitant l'intervention d'un ostéopathe de renommée internationale à quatre-vingt-dix euros la séance, insomnies chroniques et acouphènes intermittents, de quoi occuper les chercheurs de l'institut Pasteur durant trois décennies.

Le bilan de cette semaine de sports d'hiver n'était pas glorieux en apparence : nous n'avions que très peu skié, nous n'avions que très peu vu le soleil, nous n'avions que très peu dormi, nous n'avions pas du tout la trace des lunettes sur le bronzage que nous n'avions pas du tout non plus. Mais ce que j'avais réussi en à peine sept jours était énorme : j'étais parvenue à dégoûter définitivement mes enfants de cette sacro-sainte semaine aux sports d'hiver dont ils me rebattaient les oreilles à longueur d'année et qui m'avait coûté un rein. L'opération était donc globalement un succès ! Je sentis que le vent de la réussite s'était remis à souffler dans mon sens et que l'expression : « c'est un mal pour un bien », que mes amis employaient souvent pour me consoler de certains événements fâcheux, prenait là encore tout son sens.

*

— Tiens M'man, t'as un truc recommandé, faut que t'ailles le chercher à la poste.

Paul reprenait ses marques dans l'appartement familial, il était visiblement à la recherche de son relevé de notes catastrophique, épluchant méthodiquement le courrier qu'il avait récupéré dans la boîte aux lettres.

Au mot « recommandé », mon cœur se mettait toujours à faire des sauts de cabri dans ma cage thoracique. Il faut avouer que la lettre recommandée n'est pas toujours porteuse de très bonnes nouvelles, il est en effet très rare d'envoyer une lettre recommandée pour annoncer un mariage ou une naissance, en revanche on l'utilise volontiers pour annoncer un licenciement imminent, une mise en demeure, ou une interdiction à la Banque de France. Je décidai de ne pas céder à la panique et c'est en chantant la chanson de Gloria Gaynor qui commence par : « First I was afraid, I was petrified » que je me rendis à la poste en ce beau samedi matin du mois de mars pour récupérer cette belle lettre recommandée, annonciatrice de bonnes nouvelles !

En déchiquetant rageusement la lettre une fois dans la rue, j'insultai à voix haute et sans aucune retenue son expéditeur, dont j'avais lu le nom sur l'enveloppe. Il s'agissait de l'avocat de mon premier ex-mari dont j'étais divorcée depuis quinze ans maintenant mais qui n'avait jamais cessé d'entretenir une certaine forme de correspondance, en souvenir du bon vieux temps, sûrement.

Quand ça n'était pas pour baisser la pension de trois euros rapport à l'indice Insee qui avait été surévalué, ou pour décaler la date de ses vacances, c'était pour réclamer la copie de la page vaccination du carnet de santé de son fils… le tout via son avocat qui devait avoir une activité débordante et une vie épanouissante !

Cette fois-ci, la lettre était écrite sur un ton calme et pacifique, mais elle me rendit bien plus hystérique que toutes celles que j'avais reçues auparavant :

« Madame,

« Lors de votre divorce prononcé le 06/04/1995, vous avez souhaité garder le nom de votre ex-époux Monsieur Franck Guillon, pour des convenances personnelles d'ordre pratique, ce que Monsieur Guillon a accepté à l'époque.

« Monsieur Guillon étant sur le point de se remarier et sa future épouse désirant absolument porter le nom de son futur mari, Monsieur Guillon souhaiterait que vous repreniez votre nom de jeune fille pour votre usage personnel afin que la seule et unique Madame Franck Guillon soit sa nouvelle épouse.

« Vous remerciant de bien vouloir faire le nécessaire dans les plus brefs délais, veuillez agréer, Madame, nanani nanana... »

J'étais littéralement « petrified » et je ne savais pas si « I will survive » à cette missive/missile...

Moi ! Capucine Guillon depuis vingt ans, j'allais devoir rechanger de nom pour la deuxième fois de ma vie alors que je ne l'avais pas fait quand je m'étais remariée par deux fois... J'avais toujours gardé mon nom de première femme mariée, avec l'accord de mes nouveaux maris, bien sûr. Après l'échec de mon premier mariage, je devais savoir inconsciemment que mon parcours sentimental ne serait pas très... fluide et que changer de nom à chaque mariage serait sûrement déroutant pour l'administration française.

J'aurai pu garder dès le départ mon nom de jeune fille, mais j'étais jeune et tellement reconnaissante au premier homme de ma vie d'avoir accepté de me passer la bague au doigt que j'avais pris son nom les yeux fermés. Enfin… je l'avais surtout pris parce que le mien était ridicule : Poute, c'était mon nom de jeune fille. Au premier abord c'était plutôt banal, mais à l'école c'était très dur à porter : en primaire on m'appelait Capucine Proute et j'ai vécu mes pires années au collège quand les ados boutonneux retiraient le O de mon nom et riaient comme des otaries en s'imaginant qu'ils pourraient s'offrir mes services à la récré.

Me forcer à reprendre mon nom de jeune fille après vingt ans était aussi sadique et pervers que d'imposer aux femmes mariées de changer de nom pour prendre le nom de leur mari. J'avais eu beaucoup de mal au début de mon mariage quand je recevais du courrier au nom de « Madame Franck Guillon », on m'avait prévenue que je changeais de nom de famille en me mariant mais personne ne m'avait dit que je changeais aussi de prénom ! Passer autant de temps à s'épiler de partout et à se tartiner de crème pour, au final, se faire appeler Madame Franck Guillon, franchement, quelle déconvenue !

Et voilà qu'il fallait que je fasse marche arrière pour redevenir Poute ? Moi vivante, jamais ! Ma décision était prise, je me battrais jusqu'au bout pour ne plus être une Poute, j'étais Guillon depuis vingt ans je resterais Guillon jusqu'à ma mort.

Appuyée à la devanture du Monop, j'appelai illico Franck Guillon pour lui intimer l'ordre de cesser derechef cette odieuse procédure.

— Franck, salut, c'est Capucine, écoute, je viens de recevoir la lettre de ton avocat pour que je reprenne mon nom de jeune fille, tu sais ce que ça veut dire pour moi... Sache que si tu m'y obliges vraiment, tu auras ma mort sur la conscience, accompagnée d'une lettre qui expliquera mon geste à la face du monde et qui te fera passer pour un monstre sans cœur jusqu'à la fin de tes jours. La nouvelle Madame Franck Guillon ne pourra plus sortir dans la rue sans se faire lapider par les voisins, ça ne sera pas très agréable pour elle ! Je te laisse réfléchir mais rappelle-moi quand même avant qu'il ne soit trop tard...

Mieux vaut parfois un message bien clair laissé sur un répondeur qu'une conversation stérile et chronophage.

De retour à la maison, face à la montagne de linge sale et aux valises éventrées dans le salon, j'eus très envie de mettre ma menace à exécution, mais la petite voix de Victor me rappela à l'ordre :

— Ma petite mamounette chérie que j'aime à la folie, on peut aller au club de tennis cet après-midi pour mon inscription ?

Quand Victor avait une idée dans la tête, il était rare qu'il lâche l'affaire, et quand il commençait ses phrases par « ma petite mamounette chérie que j'aime à la folie » je savais que ça allait me coûter très cher.

Après l'inscription, il y aurait le passage obligé chez Décathlon pour la tenue, les balles et la raquette, et dans la foulée il faudrait réserver un cours pour le lendemain. Et comme il n'avait pas encore de partenaire à sa hauteur ni d'entraîneur attitré, j'endosserais le rôle des deux quitte à faire un infarctus sur le court, ce qui réglerait définitivement le problème de mon changement de nom. Sur ma tombe, on écrirait : « Ci-gît Capucine Guillon née Poute… Paix à son âme. » Et il y aurait bien un gros malin pour barrer « Paix » et mettre « Pet » un soir d'Halloween bien arrosé. La boucle serait bouclée.

*

Autant j'ai toujours aimé les tennismen, autant je ne suis pas très footballeur à cause de la taille de leurs cuisses inversement proportionnelle à celle de leur QI… Le tennisman est classe, souple et souvent bronzé, il s'exprime généralement avec des vrais mots et n'insulte pas ses adversaires sur le court.

Celui qui remplissait la fiche d'inscription de Razmocket me ravissait les pupilles, et je lui demandai illico s'il donnait des cours. Oui, il donnait des cours. Et si je voulais, il donnerait son premier cours à « mon enfant » pour juger de son niveau dès le lendemain 15 heures. Ce tennisman-là savait, en plus, parler aux mères de famille célibataires au bout du rouleau ; ce tennisman-là n'avait pas fini de me voir au club de tennis. Je m'inscrivis dans la foulée, creusant encore un peu plus le déficit de ma balance intérieure brute…

Dès le lendemain à 14 heures, nous étions sur les courts. J'avais décidé de jouer une heure avec mon fils avant sa leçon, pour qu'il retrouve un peu ses marques et que son prof puisse me voir jouer avec cette grâce et cette fluidité dans les gestes qui faisaient ma renommée, il y a... vingt ans. Vingt ans déjà que je n'avais plus touché une raquette, moi qui étais accro à ce sport et à ceux qui le pratiquaient... Comme la vie passe vite... Mais j'avais décidé de m'y remettre à fond et, après quelques échanges avec Victor, un match s'imposait.

Je menais 3-0 et 30/15 sur mon service quand « le Prof » apparut sur le court d'à côté. J'optai donc pour une première balle de service meurtrière sur le revers de Razmocket, histoire d'impressionner le Prof, mais ce petit têtard de Victor me la renvoya courte et croisée et il eût fallu que je sois une gazelle pour pouvoir la rattraper ; alors que j'étais plutôt en mode hippopotame. Le Prof nous regardait toujours, je mis sa pâtée à Razmocket en revers long de ligne puis à la volée : 4-0 ! Razmocket avait les nerfs mais je sentais que « le Prof » était sous le charme...

Mon fils était au service, sa balle était un peu molle et je m'élançai pour la rattraper du bout de la raquette lorsqu'un bruit d'élastique qui claque, suivi d'une violente douleur, me traversa l'arrière de la cheville. J'avais l'impression que quelqu'un était venu derrière moi pendant que je jouais et m'avait donné un coup de raquette en bas de la cheville. J'eus juste le temps de dire à mon agresseur invisible : « Non mais, ça ne va pas, non ! » et je m'écroulai sur le court. Victor et le Prof arrivèrent en courant, le Prof me prit délicatement la cheville, je lui hurlai délicatement dans les oreilles, il décida délicatement d'appeler les pompiers.

*

J'avais oublié combien les urgences débordent de convivialité… Surtout le dimanche après-midi… J'avais appelé Paul et Émile pour qu'ils viennent récupérer Victor après son cours et les pompiers m'avaient brancardée jusqu'à leur camion, avaient actionné la sirène et posé un diagnostic plutôt alarmant sur ma cheville :

— Rupture du tendon d'Achille… Ma pauvre, si c'est ça, vous en avez pour un petit moment avant de rejouer au tennis.

— C'est quoi un petit moment pour vous ?

— Un an.

— Ah oui, quand même.

— Oui, enfin… il n'y a pas que ça…

— Y a quoi d'autre ?

— Le médecin va vous le dire…

Il avait pris un air mi-figue mi-raisin, mais figue bien mûre et raisin pas très en forme…

— Bonjour, je suis le docteur Balaud, urgentiste…

Le docteur Balaud urgentiste n'en dit pas plus. Il me palpa la cheville, et je le lui rendis bien en lui broyant l'épaule… il comprit tout de suite et confirma le diagnostic des pompiers.

— Je vais chercher le chirurgien, ne bougez pas.

Le docteur Balaud portait bien son nom : demander à une patiente immobilisée de ne pas bouger, c'était effectivement assez ballot ! Mais ce qui retint surtout mon attention, c'est le mot chirurgien… Le chirurgien n'est-il pas le préposé à la découpe et au charcutage en tout genre ?

Une demi-heure plus tard, une autre blouse blanche fit son apparition dans mon boxe, tout sourire, sympathique, jovial, limite boute-en-train, il m'ausculta et me dit calmement :

— Bon… ben, c'est une belle rupture du tendon d'Achille comme on les aime. Alors vous avez trois solutions : soit on ne fait rien, c'est la solution que je propose aux personnes qui se pètent le tendon à quatre-vingt-quinze ans parce que ce n'est pas la peine de les embêter pour le temps qu'il leur reste à crapahuter sur terre. Soit on fait une petite bidouille et on immobilise pendant trois mois en espérant que les deux bouts de tendon se recolleront tout seuls, ce qui n'est vraiment pas garanti… généralement ça recasse assez vite ! Soit on vous ouvre le bas du mollet, on va chercher le tendon, on le recoud avec l'autre morceau et on referme. Ensuite, on vous plâtre un mois et demi et, dans six mois, vous remarchez à peu près correctement…

— Quel choix ! C'est encore plus alléchant qu'un chariot de desserts au George V !

— Oui, mais c'est remboursé par la Sécurité sociale, ce qui n'est pas le cas du George V.

Ce chirurgien décontracté me plaisait bien. Si son point de croix était à l'image de sa repartie… j'étais prête à offrir mon mollet droit à la médecine.

— C'est vous qui allez m'opérer ?

— Ah oui, les tendons, c'est mon dada !

Il s'était frotté les mains en prononçant cette dernière phrase, ce qui provoqua chez moi un léger début de nausée.

— Et vous m'opérez quand ?

— Après-demain pour vous laisser le temps de vous retourner… C'est une opération qui se pratique avec le patient sur le ventre, ah ah ah !!!

Cette dernière intervention ne me fit pas rire du tout… je voulais rentrer chez moi. J'appelai ma copine Sarah pour qu'elle vienne me chercher.

Je l'attendis trois heures… Demander à une nymphomane de venir dans un hôpital, c'était comme demander à un cuisinier de venir à Rungis : tous les deux en profitaient pour faire leur marché…

4

Avril… c'est long comme mois quand on est peu agile !

— Bon ben tu tiens le bon bout, le plus dur est passé ma grande !

Bien qu'à l'autre bout de la planète pour une nouvelle mission humanitaire, mon frère trouvait toujours le temps d'appeler ceux qui étaient dans une situation pseudo-difficile dans un pays développé et civilisé…

Il avait raison ceci dit, le plus dur pour une trouillarde hypocondriaque, c'était de passer le cap de l'opération. Je m'étais sortie de l'anesthésie générale avec brio : juste un petit malaise de rien du tout en salle de réveil, qui avait nécessité l'intervention de toute l'équipe du service nettoyage de l'hôpital et le transfert des patients dans une autre salle, mais sinon tout s'était bien passé.

L'anesthésiste m'avait d'abord proposé une péridurale : anesthésie plus légère qui m'aurait permis de n'être endormie que de la jambe et de pouvoir « vivre l'opération éveillée avec un casque sur les oreilles diffusant de la musique ».

J'avais refusé catégoriquement, ma jambe étant déjà dans un piteux état, il était hors de question qu'on touche à mes oreilles ! Je ne connaissais pas les goûts musicaux des anesthésistes mais rien que d'imaginer qu'on puisse me charcuter le mollet en me diffusant du Céline Dion ou autre voix de concours destructrice de tympans me donnait l'envie de trépasser dans les plus brefs délais.

Il y avait eu aussi ce petit couac avec les brancardiers le matin de l'opération mais rien de bien méchant. En faisant ma valise pour mes cinq jours d'hospitalisation, je m'étais souvenue de ce que me disait ma grand-mère magnifiquement fardée sur son lit d'hôpital à quelques jours de son départ définitif vers d'autres cieux : « Il faut toujours être élégante, ma petite chérie, en toutes circonstances. » Avant de partir pour le bloc, je m'étais donc vêtue, après mon horrible douche à la Bétadine, d'un superbe fourreau en lamé argent que j'avais acheté en solde un lundi de régime. J'avais mis ma charlotte réglementaire pour rappeler le look bloc opératoire, mais quand les brancardiers étaient venus me chercher, ils étaient restés figés comme des statues devant mon lit, éblouis par tant de beauté pré-opératoire certainement. Un psychiatre était ensuite arrivé dans ma chambre, on avait discuté et j'avais finalement accepté de troquer mon fourreau contre cette horrible blouse verdâtre ouverte dans le dos.

Depuis j'étais rentrée chez moi et je passais mes journées allongée sur le canapé, la patte plâtrée en l'air, à regarder *Les Feux de l'amour*... Ça faisait dix ans que je n'avais pas regardé *Les Feux de l'amour*. À l'époque, j'allaitais un nourrisson fraîchement débarqué sur cette terre hostile en me disant que j'aurais dû épouser Victor Newman plutôt que le père du nourrisson. Victor Newman était moustachu, certes, mais il avait beaucoup d'argent et d'énoooormes verres à whisky, ce qui n'était pas le cas du père du nourrisson.

Les trois premières semaines j'eus beaucoup de visites le soir et beaucoup d'anecdotes plus ou moins gore sur les risques postopératoires de la rupture du tendon d'Achille :

— Tu sais que la mère de la belle-sœur du frère de ma collègue de bureau s'est fait la même chose et que deux semaines après en se relevant du canapé pour aller faire pipi après *Les Feux de l'amour*… eh ben elle s'est cassé l'autre !

Après cette intervention délicate et bienveillante de Coco, mon ami homo, je dus faire intervenir d'urgence SOS Médecins pour une cystite carabinée : j'avais arrêté *Les Feux de l'amour* mais j'avais surtout arrêté de faire pipi de peur de finir avec les deux jambes dans le plâtre !

— Bon, il faut que tu le saches dès maintenant, comme ça, c'est fait... Il paraît qu'après une rupture du tendon d'Achille, on se retrouve toujours avec une cheville beaucoup plus grosse que l'autre… Adieu, les robes et les jupes, ma bichette !

Après cette intervention de Sarah, ma copine nymphomane, je lui refilai tout ce qui permettait de ressembler à une fille dans ma garde-robe et j'envisageai de me faire raser la tête pour être sûre de ne plus ressembler à rien.

— M'man, y a plus de Nutella…

Après cette intervention d'Émile, j'hésitai entre le balancer par la fenêtre et trouver une solution pour m'alléger la vie le temps de mon immobilisation. Je demandai à Émile de m'apporter le téléphone et le dossier « Mutuelle ».

— Oui bonjour Madame je suis actuellement en arrêt de travail pour trois mois et totalement immobilisée pour un mois encore, je voulais savoir si je pouvais bénéficier d'une aide ménagère parce que là, je suis à deux doigts de me suicider au Destop microbilles…

— Donnez-moi votre numéro de Sécu avant de faire ça !

La dame de la Mutuelle n'était visiblement pas impressionnée par mes menaces, elle parlait sur un ton monocorde et désabusé :

— Avec votre contrat, vous avez droit à douze heures d'aide ménagère…

— Douze heures par semaine ?

— Non. Douze heures par mois.

— Ah… et… pendant combien de mois ?

— Pendant un mois, je vous donne le numéro de l'association d'aides ménagères…

Douze heures par mois ça faisait trois heures par semaine pour faire les courses, repasser et ranger le linge, nettoyer et ranger l'appartement, et faire un peu de cuisine, si elle avait le temps. Pour la première fois de ma vie j'allais avoir, pendant quatre semaines consécutives, une fée du logis pour entretenir mon intérieur pendant que je me la coulerai douce devant *Motus*. Le Rêve ! L'Aboutissement de toute une vie !

Au premier coup de sonnette, je sus que cette aide-ménagère serait tonique, efficace et organisée, elle avait sonné cinq fois à l'Interphone : un driiiiiinnng long suivi de quatre petits driiing courts, le temps de me laisser me mettre debout sur mes béquilles et de me traîner jusqu'à la porte d'entrée que j'ouvris pour lui éviter d'avoir à re-sonner.

Au bout de sept bonnes minutes à attendre devant la porte d'entrée sur une jambe avec mon plâtre à la verticale, j'étais au bord de la phlébite. Il y avait certes trois étages à monter à pied mais son temps de parcours était équivalent à celui d'un cycliste du Tour de France pour grimper le Col du Galibier... Si sur trois heures, elle passait déjà une demi-heure à monter les escaliers, on n'était pas rendu.

Elle arriva enfin en haut du Galibier, passablement essoufflée, avec ses deux sacs en bandoulière, mais je ne lui remis pas le maillot du meilleur grimpeur. Elle me demanda un verre d'eau qu'elle siffla avec la levée de coude d'un plombier polonais, puis un deuxième puis un troisième. Et elle se mit enfin à la tâche après avoir repéré l'endroit où se trouvaient les produits d'entretien. Épuisée d'être restée debout un bon quart d'heure, je rallongeai ma jambe dans le canapé et je l'observai par l'entrebâillement de la porte.

Avant de commencer son travail, elle se changea et me demanda de sa voix de cantatrice :

— Je peux utiliser votre salle de bain ?

N'ayant jamais eu affaire à des aides ménagères, je me dis qu'elles avaient peut-être un protocole à respecter et une tenue officielle à enfiler avant de commencer à travailler, je lui indiquai donc la salle de bain.

Quand j'entendis la douche couler, je fus rassurée : elle voulait la salle de bain pour la nettoyer bien sûr et je replongeai dans mon canapé pour repiquer un petit roupillon post-anesthésie générale.

C'est un grand bruit venant de la salle de bain qui me sortit de ma torpeur. Il fut suivi d'un cri puis de grognements étranges… Je repris donc mes béquilles pour me traîner jusqu'à mon Spa de quatre mètres carrés.

La scène que je découvris était pour le moins étrange : la dame était en petite culotte, assise dans la douche, la porte vitrée sur elle.

— C'est nourmal que la porte a tombe quand on la nettouo ?

Elle avait un petit accent de l'Est ou du Nord, des épaules de déménageuse bretonne, et des cheveux blonds tressés dans le dos qui me faisaient penser à une sorte de Viking. Conan le barbare était à poil dans ma salle de bain et elle venait d'arracher ma porte de douche en voulant la nettoyer… Les douze heures d'aide ménagère que je trouvais ridicules, il y a encore une heure, me paraissaient désormais une éternité.

Après la porte de douche, il y eut le carreau de la porte-fenêtre, la brosse de l'aspirateur, la lampe du salon, la carafe Brita, la bouilloire et quelques petits verres par-ci par-là. Annie, c'était son nom, m'avait cassé en un mois ce que je n'avais jamais réussi à casser en trois mariages ratés. Mes scènes de ménage les plus violentes n'étaient pas venues à bout de cette vieille bouilloire en inox qui fait tuuuut quand l'eau est chaude. Annie, elle, avait réussi à me la déglinguer dès la deuxième semaine en passant l'aspirateur sur le plan de travail de la cuisine.

Annie n'était pas une experte en ménage, elle passait la serpillière sur les meubles, elle repassait comme une joueuse d'accordéon, mais je l'aimais bien, elle avait ce bon sens paysan qui réconforte quand on se sent diminué. Quand elle venait, pendant ses trois heures, elle ponctuait ses grands travaux d'Hercule par des expressions populaires dont elle avait changé un mot et qui ne voulaient plus rien dire : « ce qui ne tue pas rend plus mort », « l'affaire est dans le sac, le sac est percé », « l'herbe n'est pas plus verte dans le pré de mon cousin », « c'est pas la terre à boire »… Elle cassait beaucoup mais sa maladresse était touchante. Le petit bémol avec Annie, c'était son aversion pour le chat Cacao. Elle détestait les chats noirs et balançait des poignées de gros sel derrière ses épaules dès qu'elle se retrouvait face à lui. Le problème, c'est qu'elle balançait généralement son gros sel après avoir fait le ménage, ce qui obligeait les enfants à re-nettoyer tout l'appartement après son départ.

À la fin des douze heures octroyées par la Mutuelle, Annie me proposa de l'embaucher à l'année « parce qu'elle était déductible des impôts ». Dit comme ça, la proposition était alléchante mais, en calculant bien, le montant des objets qu'elle me bousillait à chacune de ses brillantes interventions était bien supérieur aux impôts que je payais dans l'année.

Je déclinai donc l'offre, Annie repartit faire le ménage chez d'autres personnes dépendantes et je dus accepter que les tâches ménagères soient exécutées par mes trois rejetons en attendant de retrouver une certaine forme d'autonomie.

Nous avons vécu dans une porcherie pendant un mois.

Et c'est ce moment précis que choisit la future nouvelle femme de mon premier ex-mari pour débarquer à l'improviste. Elle me supplia, au milieu des miettes sur la toile cirée, de reprendre mon nom de jeune fille pour qu'elle n'ait pas l'impression d'avoir un mari bigame. Je lui répondis, entre deux moutons de poussière, que vu la carrière de don Juan de son futur mari, il était préférable qu'elle apprenne dès maintenant à le partager.

Cette histoire de changement de nom me rendait passablement irritable et agressive, je commençai donc à me faire à l'idée que peut-être, dans un avenir proche, je pourrais redevenir Capucine Poute lorsque Émile me fit entrevoir l'esquisse d'un semblant de début de solution :

— T'as qu'à épouser un autre Guillon !

Bien que légèrement capillo-tractée et accompagnée d'un rire on ne peut plus crétin, l'idée d'Émile n'était pas si bête… Les Guillon, c'était comme les Dupont, on en trouvait à la pelle, il me suffisait d'en repérer un libre de droits et de lui proposer un mariage blanc. Les Guillon n'étant généralement ni réfugiés politiques ni terroristes d'Al Qaida ni sans-papiers, il était fort probable que l'administration se contrefiche d'un mariage blanc entre une Poute et un Guillon. En revanche, il était également fort probable qu'aucun Guillon de la galaxie n'accepte d'épouser une Poute plâtrée boiteuse et bancale, même pour de faux, j'avais donc besoin d'un petit délai supplémentaire.

Que j'obtins après un sympathique échange de SMS :

« Franck, j'ai vu la future Madame Guillon, la pauvre, elle m'a fait de la peine, je vais voir ce que je peux faire, mais ne t'attends pas à ce que je change de nom avant six/huit mois. »

« Se marier en décembre, ça n'a aucun intérêt pour les impôts ! »

« Je vois que cette union démarre sur des bases saines ! Elle sait déjà que tu es pingre, fourbe et infidèle ou tu veux que je lui dise ? »

« OK je te donne 8 mois, pas un jour de plus. »

On était le 24 avril, j'avais jusqu'au 24 décembre, j'étais confiante.

Mon arrêt de travail courant encore jusqu'au 20 juin, j'avais largement le temps de ferrer un Guillon sur Internet et je me collai à la tâche dès le départ des enfants pour leur établissement scolaire respectif.

Le problème de l'anonymat sur Internet me posa vite problème : comment trouver un Guillon alors que tous les internautes utilisent des pseudonymes aussi alléchants que Gogo75 ou Popol69 ? En passant une annonce sur Le bon coin.fr ou Ebay, je me dis que je trouverais assez vite un bon Guillon d'occasion. Je n'étais pas difficile : une deuxième ou troisième main ferait l'affaire, et je prendrais même les Guillon dont la carrosserie était un peu défraîchie, un bon coup de polish et le Guillon serait comme neuf !

Mais la rédaction de l'annonce me posa déjà quelques problèmes…

« JF cherche Guillon célibataire pour union non consommée. »

Il était évident que rien dans cette annonce n'était susceptible d'attirer un Guillon : déjà l'abréviation JF était un peu mensongère… Même si un Guillon mordait à l'hameçon, il s'apercevrait vite en découvrant ma plastique de rêve, lors du premier rendez-vous, que j'avais dépassé la date de péremption depuis quelques années déjà et il ferait demi-tour. Et puis quel genre d'homme célibataire pouvait être intéressé par une union non consommée ? Un surendetté qui me torpillerait mon compte en échange de son nom de famille… Un vieux Tanguy encore étudiant à quarante-cinq ans, viré par ses parents, qui me refilerait son linge sale à laver !

Non, il fallait que je joue franc jeu : en étant honnête dans l'annonce, j'avais plus de chances de tomber sur un Guillon honnête envers moi.

« Vieille couguar de banlieue cherche Guillon en dépannage pour mariage blanc sans aucune contrepartie. »

Celle-là était nettement plus proche de la vérité mais, plus je la relisais, plus je doutais de son impact sur la communauté des Guillon de France. En revanche, un Guillon doté d'un sérieux sens de l'humour pouvait tomber dans le panneau. Je mis donc l'annonce en ligne et croisai les doigts pour qu'un bon Guillon se sacrifie avant Noël.

Je m'étais assoupie devant TV Breizh lorsque mon téléphone poussa ses cris de goret... Émile adorait changer ma sonnerie de portable, il enregistrait d'horribles hurlements avec ses copains et remplaçait ma petite sonnerie tintinnabulante par ses productions personnelles. La surprise me faisait toujours lâcher une bordée d'injures au moment de décrocher et mon interlocuteur s'en prenait plein la poire. Il raccrochait, se sentant agressé par tant de noms d'oiseaux, et je rappelais pour expliquer la méprise... Ça me coûtait la peau des yeux en dépassement de forfait.

Cette fois-ci, mon interlocuteur ne raccrocha pas après que je l'ai insulté... Un habitué sûrement...

La voix de JTK résonna dans mon téléphone :

— Comment ça va, ma grande ?

Quand Jean Thomas Kramy m'appelait « ma grande », je savais qu'il avait besoin de moi de façon urgente. Il avait dû lire ça dans *Le management pour les nuls* : « Quand vous avez besoin que vos collaborateurs donnent un vieux coup de collier, mettez-les sur un piédestal, flattez-les... » Comme je ne dépassais pas le mètre 60, il pensait sûrement que le fait de m'appeler « ma grande » me transportait de bonheur et que j'allais donner le meilleur de moi-même ! Il faisait la même chose avec Nadège mais, comme elle était déjà montée sur échasses, il l'appelait « ma belle », ce qui ne la rendait pas moins moche pour autant.

Comme je m'y attendais depuis le début de mon immobilisation à la maison, JTK s'enquérait de ma santé à des fins professionnelles :

— Tu dois t'embêter toute seule chez toi allongée sur ton canapé… c'est pas dans ta nature de ne rien faire…

Je le voyais venir avec ses grosses Berluti… Il était aussi lourd que la daube de bœuf de mon ex-belle-mère !

— Non, ça va, tu sais je dors beaucoup avec les calmants pour la douleur et puis l'anesthésie générale m'a mise un peu en vrac… j'ai du mal à rester éveillée plus d'une heure…

— Ah ben c'est quand même pas mal… Une heure par-ci, une heure par-là, c'est toujours mieux que rien…

Je sentis qu'il allait bientôt en venir au but initial de son appel mais je ne fis rien pour l'aider à cracher le morceau.

— Tu sais entre les piqûres des infirmières, ma toilette qui dure deux heures et demie, mon repas à préparer et la paperasse pour la Sécurité sociale, il est vite 17 heures et les enfants rentrent de l'école…

— Ah… oui… humm… et heu… Est-ce que tu crois que tu pourrais me débloquer un petit créneau pour écrire deux/trois questions ?

— Pour le jeu érotico-vulgaire présenté par Nadège ? Certainement pas !

— Ah non ! j'ai oublié de te dire : on a tourné le pilote de ton concept *L'été sera chaud dans les tee-shirts, dans les maillots* avec Nadège en présentatrice mais la chaîne préfère finalement diffuser *L'amour est dans le pré*...

C'est sûr qu'entre Nadège qui mâchait son chewing-gum face à la caméra et un troupeau de vaches qui ruminait dans les champs, y avait pas photo ! Le naturel l'emportait !

— Mais on a récupéré le jeu *Une famille en or*, tu te souviens de ce vieux jeu des années 1990 ? Eh bien TF1 veut le relancer et il faut qu'on leur ponde un concept rajeuni et 250 questions d'ici la fin de la semaine pour un numéro 0 qu'on tournerait mi-mai.

De deux/trois questions, on était passé à 250 en l'espace de deux minutes... si seulement mon salaire pouvait augmenter aussi vite !

— Je peux compter sur toi ?

— Ça dépend...

Une idée venait de germer dans ma petite tête de pondeuse de questions débiles.

— Je ne ponds les questions que si je suis chef de projet sur ce jeu...

— Ben... je croyais que t'étais pas mobile...

— Je ferai tout de chez moi et pour le pilote je serai déplâtrée, donc je serai là...

— Le problème c'est que Nadège...

— Eh bien trouve autre chose pour Nadège, un concept de speed dating dans la gelée de groseille ou un truc dans le genre !

— OK c'est bon, t'es chef de projet sur *Une famille en or*, j'attends tes questions à zap.

JTK rajoutait l'expression à zap à la fin de chacun de ses ordres. J'avais mis du temps à comprendre que ça signifiait : « As soon as possible », que ça s'écrivait A.S.A.P. et que ça se traduisait grosso modo par : la veille pour le lendemain !

Bien que sous pression, je raccrochai le téléphone avec le sourire : en étant chef de projet du pilote d'*Une famille en or* nouvelle version, j'avais certes beaucoup de boulot d'écriture, mais je maîtrisais aussi la sélection des candidats…

Et il y aurait une famille Guillon parmi les participants !

*

Telle une araignée sur une planche de surf, j'écumais le Web à la recherche d'infos en tous genres pour mes questions débiles, quand j'entendis les clefs dans la porte de l'appartement : Émile avait deux heures d'avance et la mine déconfite d'un teckel à poil long qui vient de se prendre un seau d'eau froide.

— Ça va, mon chat ? Tu rentres plus tôt que prévu !

— C'est la prof de français qui était pas là.

— Et c'est pour ça que tu fais cette tête-là ? T'es amoureux de la prof de français ou quoi ?

— Ah... Ah… Ah… trop drôle M'man… tu devrais faire un one man show tellement t'es drôle…

L'ado n'a aucun sens de l'humour… surtout quand il s'agit de sa vie sentimentale, il est donc généralement conseillé aux parents d'ados d'éviter d'aborder ce sujet avec le sourire. La mine de circonstance est de rigueur.

— Tu sais, moi aussi j'ai eu ton âge, et moi aussi je me suis pris des râteaux, donc si tu as besoin d'en parler, je suis là…

— Et pourquoi tu penses que je me suis pris un « râteau », comme tu dis ?

— Parce que tu as la tête de celui qui s'est pris un râteau, et puis que tu es mon fils et que je te connais par cœur… et que quand tu es tristounet moi je le suis un peu aussi, forcément…

— C'est Jessica… Elle m'a envoyé un SMS pour me dire qu'elle me kiffait plus trop…

Le monde est en train de changer, c'est certain. Autrefois, la lâcheté était l'apanage des hommes, aujourd'hui les filles s'y mettent. Vive la parité mais quand même, tout fout le camp !

— Si elle a mis qu'elle te kiffait plus trop, ça veut peut-être dire qu'elle attend que tu la séduises à nouveau, sinon elle t'aurait dit qu'elle te kiffait plus du tout.

— Laisse tomber, M'man, le kiffe c'est pas ton truc.

— Pourquoi tu dis ça ?

— Parce que t'as jamais dit j'te kiffe à personne…

Ça n'était pas faux, mais je me promis que la prochaine fois qu'un homme me plairait je lui dirais : « j'te kiffe grave », rien que pour voir si ça marchait mieux que les formules traditionnelles.

— Bon, allez mon petit loup, une Jessica de perdue dix Cynthia de retrouvées, hein !

— Je connais même pas de Cynthia.

— Eh ben une Alicia ou une Belinda… ou une Kimberley !

— Tu fais pitié, M'man, tellement t'es trop pas drôle…

— Oh Émile, l'humour sauve tout, tu sais… apprends à relativiser, ce n'est pas la fin du monde non plus, vous n'étiez pas mariés… vous n'aviez pas d'enfants !

— Ben… non… mais…

Ce petit « mais » retint toute mon attention et fit battre mon cœur à la façon d'un gong dans un temple bouddhiste.

— Mais quoi ?

— Ben… elle veut me rendre le cadeau que je lui avais fait pour la Saint-Valentin.

— Ah !... (ouf)… oh ben, si c'est que ça… ce n'est pas grave, tu le reprends… et tu me l'offriras pour la fête des mères, tiens, ça t'évitera de te creuser la tête pour m'offrir un dessous-de-plat.

— Ah ouais… Ah ah ah !… trop bonne idée ! merci M'man, t'es trop cool comme mère, trop sympa, trop drôle, ça y est, je me sens mieux.

L'adolescent est décidément très difficile à cerner… quand on fait de l'humour, il trouve que ça fait pitié et quand on n'en fait pas, il trouve ça drôle.

— Et M'man, si tu veux, je peux te faire ton cadeau de fête des mères en avance, tellement t'es top !

— D'accord, mon petit loup, si ça peut te redonner le sourire, on avance la fête des mères à ce week-end !

J'étais assez fière de moi, bien que plâtrée et immobilisée sur un canapé depuis plus d'un mois, je reprenais du poil de la bête, j'étais le Messie pour mon patron et pour mon fils, et j'arriverais bientôt à ne pas changer de nom tout en faisant plaisir à la nouvelle femme de mon premier ex-mari… La roue était en train de tourner, j'allais enfin retrouver un peu de sérénité.

Le soir même, j'avais déjà écrit cent trente questions débiles, j'aurais terminé le lendemain après-midi et je pourrais enfin me consacrer au recrutement des deux familles en or massif pour le tournage du numéro 0.

Il me fallait absolument une famille Guillon et je rédigeai donc une annonce explicite diffusée dans *Le Parisien / Aujourd'hui en France* pour être sûre d'avoir mes Guillon sur le plateau :

« Cherche familles Guillon pour participer à un jeu télévisé, tournage en mai, nombreux cadeaux à gagner, contact : 06 07 05 0… »

Pendant les trois jours suivants, mon téléphone n'arrêta pas de sonner, je fis le plein de Guillon, je ne savais plus où les mettre, je décidai donc dans la foulée que les deux familles en compétition pour le pilote seraient des Guillon, on leur collerait des tee-shirts pour les différencier : les Guillon verts contre les Guillon rouges, ça faisait un peu *Koh Lanta*, c'était moderne.

En quatre jours, j'avais réussi à tout organiser pour le tournage du mois de mai, les questions étaient prêtes, JTK était content, j'allais pouvoir profiter de mon week-end sans stresser.

J'eus quand même droit à une petite remarque concernant le recrutement des familles… Pourquoi des Guillon et pas des Durand ? J'expliquai qu'étant moi-même une Guillon, j'avais voulu rendre hommage à mes ancêtres... Cette explication foireuse passa comme une lettre à la poste.

*

— Mam, t'es prête pour ton cadeau ?

Émile avait l'air d'avoir définitivement tourné la page Jessica. Elle lui avait rendu son cadeau de Saint-Valentin la veille et il était tout heureux de pouvoir me l'offrir comme cadeau de fête des mères avant la date officielle. Il nous avait préparé son repas préféré pour l'occasion : spaghetti carbonara et Häagen-Dazs en dessert. On était loin des cinq fruits et légumes par jour, mais ça faisait déjà quelques semaines maintenant qu'il y avait relâche de ce côté-là...

— Oui, je suis prête mon chaton, tu me dis quand j'ouvre les yeux !

J'entendais ses deux frères, excités comme des frelons asiatiques dans un camp de nudistes... Et enfin, j'eus la permission de découvrir mon cadeau... avec stupéfaction dans un premier temps, avec liquéfaction dans un second temps...

Dans mon assiette était posée une petite cage entourée d'un ruban rouge. Et dans cette petite cage, il y avait un truc avec des poils qui bougeait. Vu d'un peu plus près, ça ressemblait à une vieille pochette de disque de David Bowie dans sa période punk !

— Oh !!! Mon Dieu... Ce n'est pas vrai... comme c'est... comme c'est... mignon... oui, c'est ça, c'est...

c'est très mignon… mais qu'est-ce que c'est que ce truc ?

— C'est un cochon d'Inde à poil long… un cochon d'Inde péruvien.

— Ah d'accord… et il joue de la flûte de Pan… ?

Au-delà de la charge supplémentaire de travail que nécessitait l'entretien quotidien d'un nouvel animal de compagnie dans un 60 m^2, j'étais sidérée que mon fils, la chair de ma chair, le sang de mon sang, un enfant élevé dans les règles de l'art, puisse avoir eu l'idée d'offrir un cochon d'Inde à poil long de type péruvien à l'élue de son cœur, pour la Saint-Valentin…

— Prends-le dans tes mains, tu vas voir il est trop rigolo !

— Ah oui… trop rigolo… Et pourquoi n'a-t-elle pas voulu le garder, Jessica ?

— Parce que ça lui rappelait trop moi…

C'est vrai qu'au niveau de la coupe de cheveux, il y avait un petit quelque chose dans cet animal qui pouvait rappeler le nombre considérable d'épis qui avaient élu domicile sur le crâne d'Émile…

— Bon, ben, c'était une belle fête des mères avant l'heure, merci mon chéri !

— De rien, M'man… j't'ai mis la notice dans la cage !

J'avais déjà un chat psychopathe qui me coûtait les yeux de la tête en croquettes « au vrai poisson de la mer pour chat d'appartement, senior, stérilisé, avec problèmes de digestion », je me retrouvais avec un cochon d'Inde chevelu dont je devrais nettoyer la cage quatre fois par semaine si je ne voulais pas faire mourir toute ma famille par asphyxie... Le tout en béquilles… J'étais proche du nirvana…

Mais ce qui m'attendait le lundi matin allait m'en rapprocher un peu plus…

*

« On revient sur les détails de cette affaire qui fait trembler les plus hautes instances de l'État, après un point rapide sur le trafic… »

Quand mon radio-réveil se déclencha à 6 h 30, je compris tout de suite que quelque chose d'important s'était passé dans la nuit, les programmes de la matinale avaient été bouleversés, je me levai en vitesse pour allumer la radio dans la cuisine en préparant le petit déj'.

« L'info, ce matin, c'est cette incroyable affaire de mœurs qui mettrait en cause le ministre Marcel Guillon. Les détails de notre envoyé spécial devant le ministère de la Solidarité et de la Cohésion sociale : Valérie Destrain… »

« Oui, c'est à 3 heures ce matin que la police est intervenue au ministère, prévenue, dit-on, par plusieurs coups de téléphone anonymes. Et c'est aux environs de 4 heures et demie que le ministre Guillon est sorti du ministère encadré par les policiers de la brigade des mœurs, suivi d'une dizaine de jeunes filles court vêtues. Selon, les premières déclarations de la police, le ministre Marcel Guillon aurait été surpris en pleine partie fine dans les bureaux du ministère. C'est tout ce que l'on peut dire à maintenant 3 heures et demie de l'intervention de la police. »

Les auditeurs étaient invités à réagir, des experts psychiatriques débattaient sur les addictions sexuelles des hommes de pouvoir. Tous les intervenants criaient au scandale en invoquant l'argent des contribuables utilisé pour assouvir les plus bas instincts des plus hauts fonctionnaires, et moi, assise dans ma cuisine, j'imaginais déjà les gros titres le lendemain dans la presse « Guillon cochon ! »… « Guillon ministre de la Solidarité, de la cohésion sociale et des parties fines ! »…

Il était évident que ce scandale allait marquer tout un peuple et que le nom de Guillon serait imprononçable pendant quelques mois, le temps qu'un autre scandale vienne prendre le relais.

En attendant, il fallait que je m'attende à ce que JTK décroche son téléphone, ce qu'il fit dans le quart d'heure qui suivit :

— T'as écouté la radio ? Tu devrais peut-être changer de nom de famille, il fait pas bon s'appeler Guillon en ce moment…

— Très drôle… Et sinon, pourquoi tu m'appelais ?

— Pour te dire que le numéro 0 d'*Une famille en or* ne sera certainement pas dédié à tes ancêtres ! Tu me recrutes très vite des Ménard et des Pasquier et tu expliqueras à tes Guillon qu'on les rappellera dans un an, si le ministre n'a pas d'autres aventures scabreuses d'ici là !

Après cinq cafés bien corsés et avant de reprendre mes esprits, je dus reprendre en main ma marmaille survoltée : Paul, portant le nom de Guillon, ne voulait plus mettre les pieds au lycée. C'est donc à grands coups de béquille sur la table que je remis de l'ordre dans cette maison, et ils partirent tous sans broncher avec leur sac Eastpack sur le dos.

Le calme était revenu dans la maisonnée, je posai mes béquilles, m'écroulai dans le canapé et décidai qu'une petite séance d'introspection rondement menée ne pouvait être que bénéfique à mon équilibre neuropsychiatrique. C'est un des nombreux psys que j'avais consultés qui m'avait appris à faire des petits bilans de vie pour pouvoir surnager.

En l'état actuel des choses, ce petit bilan de vie de fin avril s'avéra légèrement négatif : toujours pas de promotion au boulot donc toujours pas d'augmentation, une jambe dans le plâtre donc un champ d'action limité, une future femme d'ex-mari qui me volait mon nom et l'espoir d'épouser un Guillon en blanc qui s'évanouissait avec les frasques sexuelles d'un homonyme haut placé.

« Quand tout va mal, il faut s'occuper de soi », disait ma grand-mère. Bien qu'envolée vers d'autres cieux depuis plus de dix ans, elle était toujours là pour me sortir des pièges de la vie avec le sourire.

Après une douche au lait d'ânesse dans une position douteuse (histoire de rester raccord avec l'actu), j'attrapai mon calendrier des Dieux du Stade et je repris espoir en constatant que mon calvaire de plâtrée allait bientôt s'achever : plus que dix jours d'immobilisation et je commençais la rééducation.

Je pris les devants et cherchai déjà sur Internet l'adresse d'un kiné à proximité de la maison : il n'y en avait pas. J'agrandissais donc le cercle de mes recherches à la commune limitrophe lorsqu'un nom creva l'écran de mon ordinateur : Patrick Guillon. Masseur-kinésithérapeute, rééducation sportive…

5

En mai : c'est super… quand on peut faire ce qui nous plaît !

— Voilà ma petite dame, vous y êtes… ça fera 5 euros 60… bon courage à vous… je vous donne ma carte si vous avez besoin de moi pour le retour.

Il était très rare que je prenne le taxi, pourtant j'adorais ça : m'asseoir sur un siège en cuir en soupirant de fatigue, comme une star épuisée par une grosse journée de shopping, et donner lascivement une adresse au chauffeur, je trouvais ça aussi magique que d'appuyer sur le bouton « marche » de mon lave-vaisselle.

Seulement voilà, une fois arrivée à ladite adresse, je dus dire adieu à la star du taxi pour retrouver mon statut de ménagère de moins de cinquante ans au bout du rouleau. J'avais rendez-vous au 7e étage d'un immeuble un peu crapoteux, mais fort heureusement équipé d'un ascenseur… un ascenseur des années 1970 avec une porte qui pèse trois tonnes. Je m'étais quasiment déboîtée l'épaule droite et la hanche gauche en essayant d'entrer dans cet engin avec mes deux béquilles, et je venais à l'instant de m'arracher la peau du coude sur la poignée en tentant d'en sortir au 7e.

« Sonnez et entrez », c'est ce qui était inscrit sur la porte. En bonne élève disciplinée, je suivis donc les indications, mais je compris, au bout de trois tentatives, que la consigne était légèrement erronée. En réalité, pour pouvoir pénétrer dans ce cabinet, il fallait sonner *et* entrer en même temps… ce qui revenait pour moi à sonner de la main gauche et à défoncer la porte de l'épaule droite tout en prenant soin de ne pas m'étaler avec mes béquilles une fois franchi le seuil du cabinet.

Après avoir passé cette première épreuve avec succès sans avoir perdu un œil ou subi l'ablation d'un sein, je m'installai sur la première chaise en plastique venue et je sortis machinalement mon portable pour voir l'heure. Incroyable ! Malgré toutes ces embûches sur mon parcours, j'avais quand même un quart d'heure d'avance, ce qui voulait dire que si le praticien que je venais consulter était en retard d'une bonne demi-heure comme il se doit, j'avais trois quarts d'heure à tuer dans cette salle d'attente.

Si j'avais été valide et argentée, je serais bien allée faire un peu de lèche-vitrines, mais sur une seule jambe et avec moins six cents euros sur mon compte, c'était une entreprise vouée à l'échec. Empreinte d'une bonne dose de résignation, je me rabattais donc sur un bon vieux magazine de salle d'attente. Je tirai au hasard un *Point* que je reposai aussitôt : trop politico… économico… sociéto… chiant ! puis *Pleine Vie* « dossier spécial articulations » que je reposai également : je n'étais pas encore tout à fait dans le cœur de cible pour pouvoir apprécier pleinement *Pleine Vie*. Au bout de trois tentatives infructueuses, je tirai enfin le bon numéro : un *Femme Actuelle* de toute beauté ! « Votre numérologie en 2011 », c'était exactement ce qu'il me fallait : j'étais *actuellement* une femme, et ma vie manquait cruellement de perspectives exaltantes. Mais mon numéro de numérologie allait bouleverser le cours de mon existence, c'était évident !

Je me mis donc à compter sur mes doigts, seule, dans cette salle d'attente, pour additionner les chiffres de mon jour et de mon mois de naissance auquel je rajoutai 4 (ne me demandez pas pourquoi sinon je vais perdre le fil). Donc 2+2+4, ça faisait 8. Je venais d'apprendre que j'étais 8 en numérologie cette année, une chouette nouvelle, qui allait sûrement être suivie de bien d'autres ! L'année dernière, c'était horrible, j'étais 7, je détestais le 7 : tout sec et tout maigre comme chiffre, alors que le 8 j'aimais bien, il a des formes le 8, ça me correspondait bien mieux.

Mais qu'allait-il donc arriver aux 8 cette année ? Mon cœur se mit à battre aussi fort que le lapin Duracell sur son tambour, je me jetai donc avidement sur le petit paragraphe consacré au 8 : « Solitude et contrariété marqueront votre vie amoureuse pendant les premiers mois de l'année… » Traduit dans le langage de la ménagère, ça voulait dire grosso modo que, dans le meilleur cas, j'allais me prendre des râteaux pendant six mois, encore fallait-il qu'un homme s'intéresse à moi. Or nous étions déjà au mois de mai et à part mon banquier et mon chat, aucune créature de sexe masculin ne s'était risqué jusqu'à présent à se noyer dans mon regard de braise !

J'attaquai donc la suite et fin du paragraphe : « Le deuxième semestre, quant à lui, vous réservera de nouvelles perspectives, ainsi que de nouvelles aventures sentimentales. » Traduction : « Comme on vient de vous ruiner le moral en vous prédisant un début d'année catastrophique on essaie de vous le remonter comme on peut, histoire de vous garder comme lectrice le mois prochain ! »

Ceci dit, voyons le bon côté des choses, l'air de rien, je venais quand même de tuer un quart d'heure de salle d'attente grâce à la numérologie, ça n'était pas si mal.

C'est un drôle de concept quand même, la salle d'attente, surtout à notre époque. Normalement on n'attend plus à notre époque, on a tout, tout de suite, on consomme et ensuite on jette, c'est valable pour les sentiments comme pour la nourriture. Le concept de la salle d'attente est donc un tantinet désuet, mais pas dénué de charme…

On nous mettrait à disposition des salles d'attente de l'amour, il y aurait peut-être un peu moins de divorces, parce que l'air de rien on a le temps de penser à des choses profondes dans les salles d'attente, une fois qu'on a lu son horoscope d'il y a cinq mois ou d'il y a cinq ans, on peut s'attarder sur le plafond, ou sur les murs, ou sur les deux, et réfléchir au sens de la vie.

C'est bizarre d'ailleurs, avant quand je rentrais dans une salle d'attente de médecin, je trouvais que toutes les salles d'attente de médecin se ressemblaient. J'avais même eu une idée géniale, au moment où ma carrière professionnelle ressemblait à une mouette bretonne engluée dans le pétrole de l'*Erika* : je voulais monter une micro-entreprise de déco de salles d'attente de médecins, histoire d'apporter un peu de chaleur et de gaieté à ces endroits peu propices à la gaudriole.

Mais, depuis que je fréquentais assidûment les salles d'attente, je trouvais que, finalement, elles avaient chacune leur personnalité : chez le gynéco, par exemple, les murs sont souvent roses, histoire de nous rappeler que celles qui attendent dedans sont des femmes, et que les femmes ont été inventées pour jouer à la poupée, faire des bébés, et ensuite avoir une chance sur trois de développer un cancer du sein ou du col de l'utérus. Logique donc, que les murs soient roses ! Si on veut garder le moral avant d'aller poser nos deux pieds dans des étriers et s'entendre dire, au mieux : « Ah vous avez un peu grossi depuis la dernière fois » et au pire : « Je vais vous prescrire une biopsie », le rose est effectivement indispensable !

Mais aujourd'hui, heureusement, je n'attendais pas dans une salle d'attente de gynéco, non, aujourd'hui c'était kiné… et pas n'importe lequel : celui en lequel je plaçais tous mes espoirs tant au niveau du tendon d'Achille que de l'état civil !

C'était la première fois que je mettais les pieds chez un kiné. C'était pas mal comme salle d'attente, il y avait le poster d'un mollet vu de l'intérieur, et aussi celui d'une colonne vertébrale avec le numéro des vertèbres dessus, de toute beauté cette déco murale, ça changeait un peu des stickers de Valérie Damidot. Mais à force de contempler cette colonne vertébrale sur le mur, je sentis une petite douleur poindre dans mes cervicales… et aussi dans mes lombaires, je décidai donc de réattaquer la pile de magazines.

Visiblement, j'avais affaire à un kiné de droite : à côté de la pile de *Point* il y avait beaucoup de *Figaro Magazine* et *Madame* sur la table basse… c'était un kiné qui, malheureusement pour moi, avait l'air d'être marié aussi : il y avait le *Elle* de la semaine dernière, le *Biba* du mois de janvier et le *Marie-Claire* du mois de mars… Ça doit être génial d'être femme de toubib, on peut s'abonner à tout un tas de futilités sur papier glacé en invoquant la clientèle féminine de son mari.

Ça m'aurait bien plu d'être mariée à un médecin, c'est vrai, l'avantage quand on est mariée à un médecin c'est que quand on divorce on ne se retrouve pas dans la misère la plus totale à élever trois enfants dans un tout petit appartement de banlieue. Normalement, on garde un certain standing. Ceci dit ça pouvait encore m'arriver, ça n'est pas parce que mes trois premiers mariages s'étaient soldés par des échecs retentissants que je n'étais pas en droit d'espérer une nouvelle aventure… et un nouveau divorce qui m'aurait définitivement mise à l'abri du besoin.

— C'est vous le tendon ?

La porte de la salle d'attente venait de s'ouvrir en grand, une main tonique tenait fermement la poignée extérieure et au bout de cette main tonique se tenait une créature de genre masculin pas désagréable à regarder.

— Heu non, moi c'est Guillon… Madame Guillon… enfin Mademoiselle… j'ai le même nom que vous, c'est drôle, non ? répondis-je avec la voix niaiseuse d'une héroïne de *La Petite Maison dans la prairie*.

— Oui, mais vous venez pour un tendon d'Achille, c'est bien ça ?

— Ah oui !… Le tendon… oui… c'est moi le tendon ! Désolée, je ne m'habitue toujours pas à ce qu'on m'appelle « le tendon »… mais c'est vrai que c'est sûrement plus pratique pour vous d'appeler les gens par leur pathologie que par leur nom !

Pas de réponse, je tentai donc une note d'humour pour détendre l'atmosphère :

— Remarquez, Mademoiselle Guillon le Tendon… c'est chic… ça fait noble !

Pas de réponse non plus, je sentais qu'on allait bien se marrer.

— Installez-vous dans mon bureau, me dit la créature tout droit sortie du calendrier des Dieux du Stade, en m'ouvrant la porte d'une salle de massage.

— Heu, je m'installe où ? Il n'y a pas de chaise…

Il n'y avait pas de bureau non plus d'ailleurs.

— Allongez-vous sur la table, sur le ventre… en faisant dépasser vos pieds à l'extérieur.

C'était la première fois de ma vie qu'un homme me demandait de m'installer dans son bureau en m'allongeant sur le ventre avec les pieds qui dépassent… comme quoi même à la quarantaine on peut vivre des expériences incroyables !

— Je vais vous masser la cicatrice, vous me dites quand vous avez mal.

— Aahhhhhh… ça y est, j'ai mal !

— Pourtant, je n'ai pas encore commencé, je n'ai mis que la crème.

— Ah… ben ça promet… et à votre avis je pourrais remarcher sans béquilles dans combien de temps ?

— Dans six mois sans béquilles et dans un an sans boiter.

— Ah… quand même… Et conduire une voiture ?

— Comme c'est le pied droit… je dirais… dans trois mois.

— Ah… c'est long quand même trois mois… et le tennis… je pourrais reprendre quand le tennis ?

— Si j'étais vous… jamais !

— Ah… d'accord… Vous auriez du white-spirit ?

— Pour quoi faire ?

— Pour m'immoler… Si ça ne vous dérange pas, bien sûr !

Ça faisait déjà sept semaines que je traînais ma carcasse avec un plâtre à la jambe droite ! Sept semaines que je me sentais totalement inutile et dépendante de tout le monde ! Sept semaines que je prenais des douches assise sur un tabouret et que, pour des raisons de place dans la salle de bain, j'étais obligée de me sécher et de crémer mon corps de déesse antique dans le couloir de l'appartement, au risque de dévoiler mon intimité de quarantenaire à la cuisse bloblotante aux yeux de mes enfants et de leurs copains !

Sept semaines à « déguster » les repas préparés par mes ados d'appartement… c'est bien simple, j'étais au bord de l'occlusion intestinale à force de manger, le midi : du riz au ketchup, et le soir : du ketchup au riz… pour écouler les restes de riz du midi.

Et maintenant, non seulement j'avais le mollet défiguré par une horrible et douloureuse cicatrice mais en plus j'apprenais (entre autres) que j'allais claudiquer pendant un an ! Je n'avais déjà plus beaucoup de succès auprès des hommes ces dernières années mais avec une boiterie côté droit, il était évident que mon avenir sentimental venait de s'obscurcir de façon assez radicale. Le côté fatale couguar qui boite, ça pouvait avoir son charme, c'est vrai, encore fallait-il avoir la chance de tomber sur le grand pervers que ça pourrait séduire !

Et pourtant… malgré mon immense déception et mon grand désarroi, je décidai, dans un formidable élan de vie, d'oublier le white-spirit et de passer à la phase 2 de mon plan d'attaque…

— Je peux vous poser une question ?

— Vous venez de le faire.

— Ah oui c'est vrai ! Alors une autre !

— Allez-y pendant que je vous masse.

— Seriez-vous le genre d'homme qui accepterait de conclure un mariage blanc avec une femme comme moi ?

Je sentis comme une crampe me prendre le mollet et en me retournant je vis que la main de Patrick Guillon était comme incrustée dans le bas de ma jambe, l'homme était, semblait-il, tétanisé par le contenu de mon propos.

— Heu non… ni comme vous ni comme une autre, j'en ai déjà une de femme et elle me coûte très cher, alors deux ce serait de la gourmandise.

Au moins, j'étais fixée, déçue mais fixée : la piste du Guillon kiné n'était pas la bonne, j'irai chercher le Guillon ailleurs…

Après avoir tenté une dernière fois de soulever mon pied inerte sur cette table de torture, je pris mes béquilles pour rentrer chez moi… la tête basse. Quand on a des béquilles, on marche toujours avec la tête basse : pour regarder où on les pose… Un accident est si vite arrivé !

En longeant les boutiques, la tête basse donc, je me dis que ça faisait également sept semaines que je n'avais plus fait d'achats compulsifs chez H&M, Zara et autres Promod et que, comme ma jambe ressemblait désormais au fruit de l'accouplement entre une endive bouillie et une asperge trop cuite, il y avait de fortes chances pour que je fasse l'impasse totale sur la saison printemps-été.

C'est à ce moment précis que je décidai que pleurer me ferait le plus grand bien…

En arrivant à la maison, après avoir gravi à la force de mes bras de camionneuse ouzbèke les trois étages sans ascenseur de l'appartement familial, je crus bon de frapper violemment sur la console de l'entrée avec ma béquille droite afin de faire sortir toute cette colère qui stagnait en moi. Je n'aurais jamais dû : une profonde entaille marqua à vie cette pauvre console et tous les bibelots qui l'ornaient s'éclatèrent au sol, subissant de plein fouet la loi de l'attraction terrestre.

Fort heureusement sur cette console « klormüt » de chez Ikéa, il n'y avait ni cheval Tang du VIe siècle avant Mao, ni œuf de Fabergé, mais quelques vide-poches remplis de cochonneries et un vase de chez Casto c'est Castoche, que je devais adorer puisque je me mis à redoubler de sanglots quand je le vis en mille morceaux.

Je m'étais réfugiée dans la cuisine pour sécher mes larmes au Sopalin, quand mon Razmocket fit son entrée, affamé sans doute par une partie de jeu vidéo sur canapé avec son frère aîné.

— Salut M'man ! Oh ben tu pleures ! T'as épluché des oignons ? On mange quoi, ce soir ?

— Non chéri, sniffff, tu sais, les mamans ne pleurent pas seulement quand elles épluchent les oignons.

— Ah bon ?

— Non, sniffff, elles pleurent aussi quand elles sont tristes.

— Et pourquoi t'es triste, l'autre jour t'as dit que t'étais super heureuse de vivre toute seule avec tes trois enfants !

— Oui, mais même quand les mamans sont super heureuses de s'être séparées à l'amiable de leurs maris pingres et psychopathes, il peut arriver qu'elles soient tristes quand même, certains jours.

— Ah bon… Je peux prendre un Yop ?

— Bon, écoute, je pleure parce que je suis triste et je suis triste parce qu'on vient de m'annoncer que j'allais boiter pendant un an.

— Et c'est une maladie grave de boiter pendant un an ?

— Non… ce n'est pas une maladie grave… Ce n'est pas une maladie du tout, d'ailleurs… c'est juste…

— Tu sais à l'école en histoire, on a appris comment on soignait les gens au Moyen-Âge… eh ben c'était horrible… si tu t'étais cassé le tendon d'Achille en jouant au tennis au Moyen-Âge eh ben les pompiers du Moyen-Âge ils seraient venus et ils t'auraient directement amputée sur le court avec une scie rouillée… sans t'endormir, hein ! Donc, tu vois, t'as de la chance de boiter que pendant un an !

— Si tu le dis… allez, prends ton Yop, moi je vais éplucher des oignons, ça va me détendre !

Elle avait raison finalement l'infirmière qui venait me faire ma piqûre antiphlébite tous les soirs depuis cinquante et un jours.

J'étais un peu sceptique la veille, quand elle m'avait déclaré, en m'agrippant le gras du ventre :

— Vous savez, il vaut mieux avoir la jambe immobilisée que le bras, quand on est une femme… parce que, quand c'est le bras, on ne peut même plus éplucher des oignons et ça, c'est vraiment très handicapant !

Réflexion on ne peut plus pertinente à laquelle j'avais aujourd'hui très envie de rajouter qu'il était également préférable de se rompre le tendon d'Achille en 2011 plutôt qu'en 1012… surtout quand on était une femme et qu'on portait bien la jupe !

Depuis ce fâcheux accident de tennis qui m'avait rendue parfaitement inutile, intégralement dépendante et totalement aigrie, je cherchais le message qu'avait voulu m'envoyer le Tout-Puissant. Je faisais partie de ces gens qui sont persuadés que rien n'arrive par hasard et je pensais qu'en cherchant bien, ce petit pépin... enfin... cette énorme tuile avait une signification et qu'en la découvrant, j'accéderais à une forme de sérénité et de sagesse qui me faisait défaut jusqu'à présent.

La référence de mon Razmocket aux soins médicaux d'urgence prodigués à l'ère médiévale me fit réfléchir... Peut-être est-ce qu'en me zigouillant le tendon d'Achille, le Tout-Puissant avait voulu me signifier qu'il y avait toujours plus malheureux que soi, que ma souffrance n'était rien à côté de celle des autres. Non... ça me paraissait trop puéril comme message ou alors le Tout-Puissant me prenait vraiment pour une débile, ce qui était tout à fait envisageable !

Peut-être fallait-il que je cherche du côté d'Achille... Qui c'était, déjà, cet Achille ? Un clown, un personnage de bande dessinée... Je décidai d'appeler ma mère.

Ma mère était une érudite, tout l'inverse de moi ! Elle avait lu des milliers de livres et contrairement à moi elle avait perçu et retenu tous les messages philosophiques qu'ils contenaient. En mythologie, par exemple, elle était imbattable : elle connaissait tous les destins tordus des dieux, des demi-dieux, des quarts de dieux, elle savait qui avait couché avec qui, pour tromper qui... Qui avait tué qui pour faire comprendre à qui, qui était le plus fort et qui était le plus lâche ! Et ne me demandez pas qui... je n'ai toujours rien compris... La mythologie, c'est encore plus compliqué que *Les Feux de l'amour* !

D'après ce que j'avais saisi des explications de ma mère au téléphone (elle a Free donc je n'ai pas tout compris), Achille était mort dans d'atroces souffrances comme tous les autres héros de la mythologie d'ailleurs, après avoir décimé bien sûr des familles entières et épousé une bonne dizaine de jeunes vierges… Jusque-là, franchement, rien d'anormal pour un héros antique. Mais pourquoi le talon d'Achille ? C'est là que ça devenait intéressant au niveau du message : en gros la mère d'Achille voulait que son fils soit invincible et invulnérable… Ce qui peut se comprendre, c'est vrai que quand on a un fils invincible et invulnérable, on a moins de chances de finir aux urgences pendant le film du dimanche soir !

Bref, Thétis, la mère d'Achille, eut l'idée géniale de plonger son fils nouveau-né dans le Styx, une sorte de fleuve de l'invincibilité, en le tenant par le talon, quand même, sinon il se serait noyé, le pauvre gosse ! Mais ce à quoi Thétis n'avait pas pensé, c'est que, du coup, Achille serait invulnérable de partout sauf du talon… D'où le talon d'Achille, zone très vulnérable du corps humain. Dixit le chirurgien Balaud.

Mais quel rapport entre moi et Achille ?

Aucun ! Après un rapide bilan de mes qualités physiques et musculaires, il était évident que j'avais toujours eu un pet de travers, ma rupture du tendon d'Achille étant une sorte de cerise sur le gâteau de la bobologie…

C'est vrai, j'avais toujours été vulnérable au niveau hépatique, mon système hormonal laissait, lui aussi, franchement à désirer ; ne parlons pas de ma sphère

ORL, ni des champignons qui adoraient mon épiderme depuis ma plus tendre enfance… Et je ne m'attarderai pas sur mes angines à répétition, mon rhume des foins et mes dépressions saisonnières… Autant dire que je n'étais pas un modèle d'invulnérabilité.

En revanche comme looseuse on ne faisait pas mieux !

C'était peut-être ça finalement le message du Tout-Puissant : me sectionner le tendon en pleine gloire tennistique puisque je menais 4-0 au moment de la rupture, pour me rappeler que ma place n'était pas dans le camp des « winners » mais dans celui des « loosers ».

Mon tendon d'Achille à moi c'était la gagne : il ne fallait absolument pas que je me mette en position de gagner quoi que ce soit sinon il m'arriverait malheur ! Il fallait que je reste une perdante à vie pour être heureuse ! Incroyable : la loose était ma vraie nature profonde, il fallait que je l'accepte, il fallait que j'arrête de me plaindre de ma condition mais qu'au contraire je la revendique.

C'était sûrement pour ça que je n'arrivais jamais à me faire plaindre à ma juste mesure, pourtant Dieu sait si j'avais des soucis dans ma vie, Dieu sait si j'en parlais à longueur de journée à qui voulait bien m'écouter. Mais non, rien, jamais personne ne m'avait dit :

« Oh ma pauvre, tu n'as vraiment pas de chance ! »

Non… Que ce soit mes enfants, mes amis, mes relations ou mes collègues de travail, j'ai toujours eu l'impression que tout le monde se foutait de mes malheurs, et même pire : tout le monde en riait !

En fait, j'ai toujours suscité de la moquerie plus que de la pitié. Quand j'ai eu un accident de voiture, on m'a demandé des nouvelles de ma BX avant de savoir si j'avais un traumatisme crânien ou une fracture du bassin. Quand j'ai perdu mon job, on me disait :

« T'inquiète pas, c'est un mal pour un bien, profites-en pour te reposer. »

Et quand mon tendon d'Achille a rendu l'âme, la seule chose qu'on ait trouvé à me dire sur mon lit d'hôpital après l'opération c'est :

« Tu verras, dans un an t'en rigoleras ! »

Alors que je connais des femmes que tout le monde console pendant des mois parce qu'elles ont massacré le talon de leur Louboutin sur une bouche d'égout ! C'est sûr que moi ça ne risquait pas de m'arriver : et d'une, je ne sais pas marcher avec des talons sans avoir l'air d'une poule d'eau sur un trampoline, et de deux, mes chaussures je les achetais plus souvent chez Bata que chez Louboutin.

C'est comme ça, il fallait que j'assume mon chemin de loose. À quarante-trois ans bien sonnés, il fallait par exemple que j'accepte avec le sourire d'avoir pris l'ascenseur social dans le mauvais sens. Mes parents étaient plutôt « classe moyenne » et moi j'étais plutôt « classe médiocre », ce qui revenait à peu près au même, mais en moins bien.

J'en étais arrivée à cette conclusion quand mon téléphone me signala l'arrivée d'un SMS de JTK :

« Tournage numéro 0 *Une famille en or* annulé, TF1 veut finalement relancer *Tournez manège…* »

Un SMS qui résumait assez bien ma vie, finalement, les causes perdues, c'était pour moi : j'avais bossé comme une malade pendant mon arrêt de travail pour qu'au final, un cadre dirigeant haut placé du petit monde de l'audiovisuel grand public décide, en tripotant sa Rolex, que tout compte fait, il avait une meilleure idée pour divertir le peuple !

La looseuse que j'étais avait perdu son temps pour tenter de satisfaire le winner, sans toutefois y parvenir. C'est ce qui fait la différence entre les winners et les loosers : le winner n'est jamais satisfait, le looser lui est résigné. Le winner a une Rolex mais pense à sa future Bretling et arrive toujours en retard alors que le looser regarde l'heure sur son portable et arrive toujours en avance pour se faire éliminer.

J'espère juste une chose, maintenant que j'ai compris le message du Tout-Puissant : c'est qu'il ne va pas s'amuser à me fracturer un membre ou me boucher une artère dès que je serai en position de winneuse, parce que l'air de rien, parfois il m'arrive d'être en pole position sans que je le veuille.

Quand je fais mes courses au supermarché, par exemple, et que je poireaute à une caisse avec mon caddie plein comme un œuf, il peut m'arriver que la caisse d'à côté ouvre par miracle et que je me retrouve d'un coup d'un seul en pole position ! Que devrai-je faire désormais dans ce cas précis pour ne pas froisser le Tout-Puissant ?

Si c'est pour gagner un quart d'heure mais perdre un ménisque ou l'odorat, c'est décidé : je céderai ma place de « winneuse du Simply Market ».

Tout compte fait… mieux vaut un petit destin, un peu mou du genou, mais qui permet de continuer d'éplucher des oignons jusqu'à quatre-vingt-quinze ans qu'une destinée de star qui a de fortes chances de finir carbonisée dans une voiture de sport avant quarante ans !

J'étais en train d'écrire cette merveilleuse allégorie sur un joli papier Canson afin de la placarder au-dessus de mon lit lorsque j'entendis au loin, tout droit sortie de ma radio de cuisine, la sublime voix de cette fabuleuse chanteuse nord-américaine chantant cette magnifique chanson folk/jazzy qui cartonnait dans le monde entier : *Me and Me*.

Tout était beau chez cette fille, tout sauf son nom : Lara Pouyette désannonça l'animateur : « LA révélation de ce printemps ».

Debout sur mon lit avec ma patte folle, j'accrochai, difficilement, ma petite maxime philosophique au-dessus de mon lit en pensant au fabuleux destin de Lara Pouyette qui, malgré un nom ridicule, avait gravi les marches de la gloire sans complexes.

Était-ce encore un message envoyé par le Tout-Puissant ?

Devais-je comme elle lâcher définitivement le nom de mon premier ex-mari pour reprendre mon abominable nom de jeune fille ?

La chasse aux Guillon était-elle définitivement terminée ?

En reprenant le nom de Capucine Poute, mon destin mou du genou pouvait-il se transformer en destinée pailletée ?

Cette dernière question me troubla au plus haut point, je perdis l'équilibre, et m'ouvris la pommette en tombant sur l'angle de la table de nuit.

Le Tout-Puissant venait de m'envoyer un nouveau message : « Trop de questionnement tue le questionnement. »

6

En juin c'est toujours bien… sauf certaines années…

— Heu, M'man… tu peux me signer mon carnet de liaison, steupl…

La voix de castor à demi-castré de Paul me fit le même effet que le bruit d'une perceuse à percussion un dimanche matin et me sortit illico de mon rêve érotique de début de week-end.

J'avais passé la soirée avec Sarah, et comme après chaque soirée passée avec elle, j'avais rêvé toute la nuit d'étreintes torrides dignes des plus grands contorsionnistes du cirque de Pékin.

Non pas que Sarah me fasse de l'effet, non… Le problème de Sarah, c'était son petit côté nymphomane : elle consommait les hommes comme mes ados consomment des boîtes de Chocapic, alors passer une soirée avec elle et l'écouter raconter ses multiples expériences de vieille couguar qui n'a peur de rien, c'était comme ingérer une décoction de gingembre et de clous de girofle : l'effet sur les libidos endormies était garanti !

Fort heureusement, je pouvais compter sur mes enfants pour me sortir de mes horribles cauchemars de stupre et de luxure : j'avais systématiquement un petit mot à signer sur un carnet de liaison tous les samedis matin à 8 heures moins le quart…

Je dois l'avouer, j'aime beaucoup le concept du carnet de liaison qui consiste pour les profs à mettre des mots extrêmement alarmants à destination de parents déjà extrêmement alarmés par le degré d'intelligence de leurs ados d'appartement. Je lus donc le petit mot aimable laissé par la prof principale de mon Supermollusque me « convoquant » pour une « entrevue » à 11 h 30 le matin même, et j'y apposai ma signature d'une main tremblante en m'appuyant sur la couette, j'y apposai donc un gros pâté sans forme.

— J'te jure que j'ai rien fait, M'man, elle est trop mytho cette prof… elle m'a confisqué mon portable… ça se fait trop pas !

Paul avait sa tête de présumé innocent qui sait qu'il est coupable, et quand il mettait un « trop mytho cette prof » et un « ça se fait trop pas » dans la même phrase, il fallait s'attendre au pire.

« Ça se fait trop pas ! » l'expression préférée de toute une génération pour exprimer son indignation face à des manières déplacées… comme si Supermollusque avait fait des fiches de lecture de tous les bouquins de Nadine de Rothschild et savait « ce qui se faisait trop » et « ce qui se faisait trop pas »… Il eût fallu pour ça que Nadine de Rothschild ait sorti une version manga de ses œuvres, ce qui était assez peu probable.

Pour prendre la défense de mon petit lapinou d'un mètre 82 au garrot, je dois avouer qu'il n'avait pas eu de chance pour sa première année dans son nouveau lycée : il était tombé sur une prof de math qui aurait donné envie à n'importe quel élève de se pendre au radiateur. Particulièrement barbare et cruelle, elle était, comble du vice, l'épouse du proviseur. Petit détail supplémentaire : cette horrible mégère était, qui plus est, dotée d'un physique à la Adriana Karembeu et atteinte du syndrome Jane Birkin version slave : ça faisait trente ans qu'elle vivait en France mais elle parlait la langue de Molière comme un Tupolev !

Clopin-clopant, munie de mes béquilles de compétition, j'arrivai à l'heure dite pour le duel qui allait m'opposer à la Slave bonnet F. Je m'installai sur une des chaises qui jouxtaient la salle des profs et laissai choir bruyamment mes cannes en plastique sur le sol carrelé... Horripilée sûrement par tant de décibels intempestifs, elle apparut en robe fluide blanche à fines bretelles.

Jusqu'à ce qu'elle ouvre la bouche, je me serais crue dans une pub Narta. Mais quand elle ouvrit sa grande bouche peinturlurée pour dire :

— Vous devrrrriez avoirrr hounte Madame d'édouquer votrrrre enfant de la sourrrrte !

Je compris qu'on était plutôt dans un *James Bond*, époque guerre froide. L'entretien dura approximativement une demi-heure et le seul mot que je réussis à placer à deux reprises fut « écoutez ». Mais visiblement, pour la Slave bonnet F, le mot « écoutez » signifiait « continuez » et le lynchage verbal se poursuivit donc jusqu'à ce que je prenne congé en m'excusant platement pour le détestable comportement de mon ado mi-pubère mi-lobotomisé.

Après réflexion, il est vrai qu'utiliser l'appli « Piano Péteur » de son téléphone pendant le cours de math, pour interpréter l'air des *Choristes* était quelque peu déplacé. Ceci étant, à la décharge de mon Super-mollusque, c'est moi qui lui avais fait une démonstration de ce petit bijou high-tech. Il était donc normal qu'il en fasse profiter ses camarades de classe, cet enfant avait toujours été dans le partage, je ne pouvais pas lui en vouloir !

Lors du déjeuner et sur les conseils de la Slave à forte poitrine, je remis donc mon Paul sur de bons rails en lui téléchargeant sur son téléphone l'appli « Pressage de points noirs et autres boutons d'acné » beaucoup plus silencieuse mais tout aussi distrayante.

J'ai toujours été tétanisée par le milieu enseignant. Je me souviens que toute petite déjà, à la maternelle, j'avais fait une pelade nerveuse dès le premier trimestre de la petite section et le verdict des pédopsychiatres avait été sans appel : traumatisme lié à la scolarisation… Je suis restée chauve jusqu'en primaire ! Et j'ai enchaîné par la suite sur le syndrome de la fontaine : dès que la maîtresse m'adressait la parole je me mettais à pleurer. Ça a duré jusqu'à mon entrée en sixième quand le mutisme a remplacé les larmes.

En devenant adulte puis mère, à trois reprises, je pensais que ma peur intrinsèque du corps enseignant allait disparaître. Que nenni ! À chaque réunion des parents d'élèves, je sentais mon cœur me défoncer la cage thoracique et une coulée de sueur froide me dégringoler le long de la colonne. Quant aux confrontations en « face to face » avec les enseignants pour les remises de bulletins, je perdais tellement mes moyens que tous les profs de mes enfants pensent sûrement que je suis bègue.

Alors bien sûr, pour éviter de transmettre cette angoisse de tout ce qui touche à l'école à mes trois fils, j'ai pris le parti de l'humour, de la légèreté et de la fantaisie chaque jour renouvelée. Depuis leur entrée en maternelle, je les emmène à l'école tout sourire en leur répétant qu'ils ont une chance inouïe d'y aller, que moi si je pouvais, j'y retournerais tellement je m'y suis amusée… Ah ah ah youpi youpi, vive les maîtresses !!! Je n'ai arrêté que très récemment cette pratique, ayant remarqué une attitude pour le moins distante quand je les déposais au lycée ou au collège en criant dans la rue « youpi youpi vive les maîtresses ! ».

Mais je peux dire aujourd'hui que ma méthode de désensibilisation à l'allergie scolaire a très bien fonctionné sur mes enfants, je ne leur ai pas transmis ma pathologie, ça c'est évident ! Ils sont à l'école comme chez eux : indisciplinés, fainéants, pitres… totalement détendus ! Une vraie merveille, une très belle réussite !

« L'humour sauve tout », telle est la devise que j'avais grosso modo voulu transmettre à mes enfants pour ne pas en faire des angoissés de la vie. Mais après cette nouvelle convocation de la « Slave bonnet F », il était évident qu'il allait quand même falloir que j'apporte quelques modifications à mes méthodes éducatives.

J'étais en train de repenser à la devise de mon grand-père : « De la gaieté mais du bon ton » quand le téléphone de la maison résonna dans le salon…

— Oui, ça va… à bientôt, j'te passe Maman…

Il était également évident qu'il allait falloir que j'apprenne quelques mots nouveaux à Razmocket, cet enfant manquait cruellement de conversation dès qu'il décrochait un téléphone.

— Allo… Ah salut… oui, ça va… je sais pas encore… OK… salut…

À la décharge de Victor, son père était tellement sec et directif dès qu'il avait un téléphone entre les mains qu'il était très difficile d'en placer une, mais en raccrochant je notai sur un Post-it les mots : « vacances enfants ».

Quand on fait des enfants avec trois géniteurs différents, il faut toujours s'attendre à ce qu'un jour ou l'autre le géniteur ait un besoin impérieux de passer des vacances avec le fruit de son accouplement, histoire de voir ce qu'un spermatozoïde peut devenir une fois passé l'âge de raison.

Le père de Razmocket ne s'était intéressé que très tard à son spermatozoïde devenu grand. À mon grand regret, il n'avait pas du tout adhéré à la phase couches et réveil nocturne, le passage du mode têtard au mode bipède ne l'avait pas non plus émerveillé, et quand le mini-bipède avait fait son apprentissage de l'écriture « en attaché » pour lui livrer un joli poème de fête des pères, il était parti aux frontières de l'Himalaya pour méditer pendant trois semaines dans un temple tibétain avec plein de moines Chao lin dedans… À son retour, son désintérêt pour son têtard devenu bipède s'étant étendu à celle qui l'avait pondu de son utérus, nourri de son sein, et nettoyé de ses lingettes, nous avions convenu d'une rupture nette et sans bavure par consentement mutuel.

Mais depuis trois ans, Victor suscitait de nouveau l'intérêt de son père et j'avais droit au début du mois de juin à une demande de prêt de l'enfant durant la période estivale afin qu'il « l'emmène dans sa famille ». N'ayant jamais eu de famille à ce que je sache, il s'agissait en fait de la famille de sa nouvelle copine… qui n'était jamais la même que celle de l'année précédente…

Il avait certainement compris que pour éviter que ses nouvelles conquêtes ne s'aperçoivent trop vite de son incapacité à vivre en société et à fortiori en famille, il était de bon ton de sortir un fils du chapeau et de le brandir à la fin du repas pour éviter l'indigestion.

Victor avait eu ainsi droit de découvrir la famille d'une certaine Ève à l'île de Ré, puis celle d'Anna à Hossegor et il se préparait déjà à la prochaine sur le littoral méditerranéen, sûrement… En fait, je soupçonnais le dernier de mes ex-maris de s'organiser une sorte de tour de France des maisons familiales de bord de mer, qui lui permettait de passer des vacances à l'œil et au poil avec des créatures naïves, certes, mais suffisamment argentées pour subvenir à ses besoins saisonniers de coquillages et de crustacés.

Victor, avec sa gueule d'ange et son phrasé de surdoué, était le garant d'une certaine solvabilité sentimentale : il était impossible d'avoir engendré un tel enfant et d'être un affreux malotru, pingre, goujat et fainéant…

Il pouvait se passer n'importe quoi autour de moi, des catastrophes naturelles, des ruptures sentimentales, des drames familiaux ou des tragédies scolaires, le mois de juin était mon préféré de l'année et je ne laissais jamais rien ni personne venir me le gâcher. Et même avec une patte folle et la perspective de redevenir Capucine Poute avant la fin de l'année, j'avais décidé de garder le sourire et de profiter des longues soirées d'été passées à boire du rosé dans les jardins de banlieue de mes amis…

Après l'annonce d'un week-end météorologiquement irréprochable, j'avais reçu le SMS de Bubu :

« Le roi du barbeuk remet son titre en jeu samedi à partir de 13 heures et jusqu'à plus soif !!! Avis aux amateurs. »

Un SMS auquel j'avais bien évidemment répondu dans la foulée :

« Moi, mes béquilles et mes enfants, on sera là. »

Les week-ends barbeuk du mois de juin chez Bubu et Lolo étaient incontournables, ils permettaient de faire un bilan annuel de nos vies respectives et de constater que sur l'échelle de la dramaturgie on n'était pas forcément les plus mal lotis. Il y a quelques années, quand on était globalement plus jeunes, les sujets de conversation des barbeuks géants de Bubu et Lolo tournaient généralement autour des érythèmes fessiers de nos petits et de mes problèmes de couple. Mais depuis quelque temps, le Binge drinking chez les jeunes avait remplacé l'érythème fessier au top 10 des sujets les plus abordés, et mon retrait définitif de la confrérie des femmes mariées avait laissé la place à des sujets plus fondamentaux tels que : « l'arthrose est-elle une fatalité après quarante ans ? » ou encore « tu sais pas, c'est dingue, j'ai une copine qui est déjà ménopausée !!!! » sans oublier le traditionnel : « j'en ai marre de mon boulot, j'ai envie de changer de vie… tu veux pas monter un gîte avec moi dans la Drôme ? ».

Ce jour-là, n'ayant plus de problèmes de couple, pas encore de copine ménopausée ni d'enfant qui se pinte le samedi soir au fond des squares, je comptais sur ma rupture de tendon d'Achille pour prendre le relais et alimenter les conversations merguez et chipolatas… J'allais être l'attraction du barbeuk et peut-être voler la vedette à la belle-sœur de Bubu dont la mère venait d'être internée en hôpital psy pour avoir mordu une caissière de Carrefour Market à l'oreille.

Mais une invité surprise me coupa l'herbe sous le pied…

*

— Paul, Émile, Victor, vous êtes prêts ? On y va ! Paul y a une bouteille de rosé dans le frigo, Victor tu prends la tarte et Émile les deux paquets de chips sur la table… Allez zou on est partis.

La BX jaune poste n'avait pas bougé de place depuis trois mois, et pour cause : avec un plâtre à la jambe droite, l'utilisation des pédales de frein et d'accélérateur m'était formellement déconseillée si je ne voulais pas être à l'origine du carambolage du siècle inspiré d'une cascade de Rémi Julienne.

En revanche, mes heures d'initiation à la conduite passées sur le parking d'Intermarché avec Paul tous les dimanches après-midi allaient enfin porter leurs fruits : nous allions faire notre premier vrai trajet en conduite accompagnée… Lui au volant, moi à la place du mort et les deux autres membres de la famille avec la tarte et les chips sur la banquette arrière. Avec un peu de chance, ils survivraient, avec de lourds handicaps, mais ils survivraient suffisamment pour pouvoir fleurir nos sépultures une fois par an à la Toussaint…

Quand Paul tourna la clef et que le moteur démarra, la première goutte de sueur s'écrasa sur mon sac à main.

Deux refus de priorité, un feu orange sanguine et deux calages sur rond-point plus tard, nous arrivâmes à bon port, j'étais trempée, les passagers arrière étaient vert olive, la tarte aux pommes, en revanche était celle qui avait le mieux vécu cette expérience douloureuse. Pour le créneau, j'exigeai que tout le monde sorte de la voiture pour éviter à Paul les moqueries liées à sa façon si particulière de tirer la langue jusque sous son nez et de se lécher les narines (pour une concentration optimale sans doute)… Ce qui ne l'empêcha pas d'emboutir à plusieurs reprises le pare-chocs de l'Audi A4 située derrière lui avec l'attache caravane de la BX.

Maintes et maintes fois, je m'étais interrogée sur l'utilité de changer de voiture pour passer à un modèle plus récent, plus écolo et plus maniable… Mais à chaque fois, les prouesses de mon aîné en conduite accompagnée m'en avaient dissuadée. Qui plus est, la BX jaune poste étant réputée pour être un tue-l'amour mécanique, j'étais assurée, en la conservant, que mes mini-machos en devenir ne se risqueraient pas à me piquer mon petit bolide hydraulique pour sortir en boîte de nuit si, un jour, l'envie leur en prenait. La BX jaune resterait donc notre véhicule familial malgré les quolibets de nos voisins et amis.

— Vous êtes venus en vaisseau ? Il faut quoi comme permis pour pouvoir conduire ton obus à roulettes, ma grande ?

Bubu mesurait 2 m 06, je mesurais 1 m 58 et ça le faisait toujours marrer de m'appeler, lui aussi, « ma grande » quand il m'accueillait devant la grille de son pavillon de banlieue, je l'appelais « mon poussin » histoire de rétablir l'équilibre.

Après le rituel des embrassades et des « qu'est-ce que tu deviens, ça faisait longtemps, ça me fait plaisir de t'voir, mais qu'est-ce qui t'est arrivé, tu t'es fait ça au ski ? », j'embrayai assez vite sur l'exposé de mes malheurs tendineux et de leurs regrettables conséquences sur ma vie de mère célibataire déjà au bout du rouleau en temps normal.

J'étais en quelque sorte la reine du barbeuk, pour m'éviter les déplacements on me servait à ma place, je hélais l'assemblée pour obtenir un verre de rosé frais, bref je profitais à mort de mon statut de handicapée provisoire de la patte droite lorsque la sonnette retentit !

— Ah ça doit être Charles et sa nouvelle copine, dit Bubu en allant ouvrir la grille.

Charles était le beaugosse de la bande, il avait un petit côté Thierry Lhermitte croisé Paul Newman et s'il avait pesé toutes ses conquêtes, leur poids cumulé se serait de toute évidence approché, à deux kilos près, de celui du porte-avions *Charles de Gaulle*. Mais à l'inverse du *Charles de Gaulle*, Charles n'était jamais en rade ni à Toulon ni ailleurs… Il avait une fille dans chaque port et parfois même dans chaque aéroport…

Quand l'assistance découvrit la créature qui l'accompagnait cette fois-ci, il y eut du branle-bas de combat dans les pantalons des mâles et des Kalachnikov dans les regards des femelles. Natacha était blonde, mince, avec un petit nez parfait et une plastique d'avion de chasse. Ses yeux verts illuminaient son visage hâlé et, au bout de ses jambes immenses, chaloupait une croupe généreuse et avenante… De quoi nous faire recracher illico nos chipolatas !

Fort heureusement, quand Natacha, hôtesse de l'air de profession, ouvrit la bouche, tout rentra dans l'ordre : elle avait un accent du Sud bien frappé qui sentait très fort l'ail et la farigoulette mais qui cassait bien net tout début d'extase admirative ou d'éventuels désirs de fornication sauvage.

Je redevins donc, avec mon tendon d'Achille, l'attraction de la journée, et l'après-midi s'écoula comme une rivière, jusqu'à ce que Charles arrive à table avec un pack de quatre yaourts de marque Activia. Mon premier réflexe fut de penser que Natacha avait quelques problèmes intestinaux inhérents à son métier et que Charles, ne voulant pas qu'elle ballonne en public, prenait les devants… Mais quand Natacha ouvrit l'opercule du premier yaourt en disant d'une voix de poissonnière :

— Je lis l'aveunireu dain le yaououourrrrt… Si ça intéressseuuu kellleuukeing !

Immanquablement, un ange passa au-dessus du barbeuk, il fit même un vol géostationnaire profitant des courants portants. Puis de petits rires fusèrent par-ci par-là et enfin Sarah, mon amie d'enfance mi-nymphomane mi-mythomane, déclara être intéressée par cette expérience hors du commun. Elle connaissait les combats de chippendales nus dans la gelée de groseille et les strip-teases gourmands au miel d'acacia, mais se faire tirer les cartes dans le yaourt ça... c'était une première !

Avant de procéder à l'opération, Natacha se livra à une sorte de rituel pour le moins étrange qui dura une bonne vingtaine de minutes : elle nettoya les alentours de fond en comble, et comme il n'y avait finalement pas grand-chose à briquer dans le jardin à part les feuilles des rosiers et les pétales d'hortensias, elle s'attaqua à la cuisine de la maison de Bubu et Lolo qui, elle, avait bien besoin d'un bon petit coup derrière les oreilles.

Pendant son petit manège, je questionnai Charles sur les circonstances de sa rencontre avec Natacha.

Il l'avait rencontrée lors d'une soirée chez des amis en allant aux toilettes : elle était en train de passer l'aspirateur pendant que les invités prenaient l'apéro. Il l'avait prise pour la femme de ménage dans un premier temps, mais quand elle s'était assise à table à ses côtés, il avait compris qu'elle devait avoir une petite déviance qui la poussait à astiquer en toutes circonstances. Depuis qu'elle avait emménagé chez lui, Charles avait congédié sa femme de ménage tant il était frustrant pour Natacha de rentrer d'un Kinshasa-Paris sans avoir rien à lustrer dans l'appartement. Mais selon Charles, hormis son attirance irrépressible pour les lingettes et le Vigor, Natacha était vraiment parfaite : elle était la femme de sa vie… La quarante-troisième femme de sa vie d'après mes calculs.

Quand Natacha réapparut dans le jardin, Sarah fondit sur elle comme une guêpe sur un morceau de salami, le public se rapprocha et la séance commença. Natacha ouvrit délicatement l'opercule du yaourt Activia, prit une cuillère et se mit à touiller le yaourt comme une hystérique, sa façon à elle de rentrer en transe sûrement.

— Et ça marche uniquement avec les Activia ou tu arrives aussi à lire dans les Sveltesse aux fruits ?

Sarah avait l'art de poser des questions très second degré qui lui permettaient de mieux cerner les individus qu'elle rencontrait pour la première fois et de les ranger dans des cases. La réponse de Natacha lui permit illico de la ranger dans la case débile profonde et de la surnommer Barbie Zarathoustra ou Barbie Ménage selon les circonstances…

— Nan j'ai déjà essayé avé les svèleutesse mais les morceaux de fruits me gêneu… et comme y a pas assez de gras je vois pas très loing dans l'aveunir… c'est mieux dans l'Activia, c'est plus consistang commeu prévisiong !

La séance démarra et Sarah demanda à ce que Barbie Ménage ne lui dévoile que la partie sentimentale de son avenir, sa réussite professionnelle étant généralement liée à ses aventures amoureuses.

Barbie Ménage alias Natacha l'hôtesse de l'air brassa le yaourt dans l'air et s'en déposa une petite touche entre les deux yeux, ce qui la transforma illico en Barbie Hindoue du pôle Nord, puis elle ouvrit enfin la bouche en prenant une voix d'outre-tombe incarnant à la perfection Barbie Dark Vador version PACA…

— Je vois beaucoup d'hommes autour de toi…

Jusque-là, Barbie Zarathoustra ne s'était pas mis le doigt dans l'œil…

— Je vois que tu joues beaucoup avé les hommes mais que, dans peu de temps tu arrêteuras de jouer careu tu vas tomber amoureuseu pour la premièreu fois de ta vie.

Sarah était aux anges… et ne put s'empêcher de demander à Barbie Paco Rabanne l'identité ou le descriptif du bellâtre qui allait enfin réussir à la combler pour le restant de ses jours.

Barbie Ménage se mit alors en branle et nettoya vigoureusement la table de jardin avec une éponge tout en gonflant ses joues comme pour souffler dans une trompette virtuelle et il s'échappa de sa gorge un petit râle de souris écrasée…

— Je vois un fouet…

Le visage de Sarah venait de se transformer… le mot fouet venait visiblement d'aiguiser sa curiosité.

— Je vois aussi des fauves et des bêtes poilues… mais je n'arrive pas à voir son nom… en tout cas avé lui c'est pour la vie… ou presque…

Sarah se gratta la gorge, elle était maintenant un peu rose sur les joues et semblait très mal à l'aise. Elle coupa court à la séance en mettant un autre convive dans les pattes de Barbie sait tout.

Après avoir lu l'avenir de sept personnes dans le yaourt, l'assemblée était conquise et plus aucune moquerie ne fusait concernant son don de pacotille et sa ridicule façon de touiller le yaourt pour en tirer le meilleur. Personnellement, je détestais qu'on me tire les cartes, j'avais dû voir deux voyantes dans ma vie et j'avais le souvenir que la seule chose qui m'avait vraiment interloquée dans tout ce qui était sorti de leur bouche, c'était le prix de la prestation.

Mais quand Natacha cria de sa voix de poissonnière niçoise :

— Allez, j'ai aincoreu la forceu pour quelqueu personneneu, il meu resteu deux yaourts !

Sarah me poussa dans les pattes de la grande prédicatrice du lait caillé en lui disant :

— Tiens, ça c'est du lourd !

Je fusillai Sarah du regard en guise de remerciement pour sa délicate présentation de ma petite personne et notai dans un coin de ma tête de lui demander quelques détails croustillants sur ce dompteur de fauves avec qui elle allait, selon toute vraisemblance, passer le restant de sa vie.

Barbie Ménage briqua encore une fois la table de jardin avec des lingettes cette fois-ci, qu'elle sortit de son sac à main, et le touillage hystérique de l'Activia marqua le début de la séance.

— Alors moi je veux bien que tu me fasses un peu de tout si ça ne te dérange pas… amour famille, travail, patrie…

Je n'eus pas le temps de terminer ma phrase que Barbie Ménage entrait déjà en transe.

— Eincroyableu !... je n'ai jamais vu ça de ma vie… c'est la première fois que j'ai ce genre de flash sur l'aveunir amoureux de quelqu'aing.

Mon cœur se mit à bondir… quelque chose de chouette allait enfin m'arriver….

— C'est tout blang… blang blang commeu des œufs en neige… je ne vois rieng ni personneu… c'est comme si ta destinée sentimentaleu avait été passée à l'eau de Javel… et que toutes les taches étaient parties.

Je ne sus pas tout de suite comment interpréter cette métaphore poétique mais Barbie yaourt me vint très vite en aide.

— En fait, je crois qu'il ne se passera plus rieng pour toi de ce côté-là ma pôôôvre !!! Attends…

Elle retouilla vigoureusement son pot de yaourt.

— Ah si… je vois peut-être… un… un… Marc ?… attends que je regardeu de plus près…

Elle retouilla si fort qu'une giclure vint s'écraser sur la table, elle sortit ses lingettes, essuya la coulure puis se reconcentra.

— Ah non désolée… c'était pas un Marc… c'était ma lingette… Saint Marc Ménageu goût Pamplemousseu… c'est un petit bug qui m'arrive de temps en temps, la dernière fois j'ai dit à un homme que sa prochaine fiancée s'appellerait Cif et qu'elle serait Vigoreuse mais c'est parce que j'avais pas eu le temps de faireu le ménageu chez moi… ça m'a pertureubée !

J'étais prête à mettre un terme à cette odieuse mascarade quand Barbie Ménage se remit au boulot et déclara :

— Nan décidément ton aveunir sentimental est javélisé je vois rieng… mais je vois que ton fils va t'annoncer une grande nouvelle… !

— Mon fils mais lequel ? J'en ai trois !

Barbie yaourt s'effondra alors sur sa chaise, les bras ballants, haletante et se dit épuisée par trop de divinations yogourtiennes… Charles s'excusa et la porta comme une princesse jusqu'à la voiture.

Je me chargeai, avec Sarah, de débarrasser la table de tous ses pots de yaourt.

— Tu crois qu'elle a lu dans le yaourt de Charles qu'il allait se trimbaler une Barbie boulet jusqu'à la fin de ses jours ?

— Peut-être mais elle a dû le garder pour elle…

Il était minuit quand nous décollâmes de chez Bubu, les fraises à l'Activia étaient délicieuses mais je fis un cauchemar atroce la nuit suivante :

J'allais prendre un bain… mais à ma grande surprise en tâtant la température de l'eau du bout du pied je m'apercevais que l'eau s'était changée en yaourt… je m'y plongeais cependant avec délectation et sensualité et me yogourtais jusqu'au cou, lorsque l'ombre d'une cuillère géante se profila au-dessus de la baignoire et touilla violemment le yaourt en m'écrasant sur les bords…

*

— AAAAAAHHHH au secours, non… Pas la cuillère… pas la cuillère !!!!! fut donc ma première réaction quand Émile me réveilla le lendemain matin en me demandant des sous pour aller chercher du pain et des croissants.

Je mis un bon quart d'heure pour reprendre mes esprits et quand mon Beaugosse rentra de la boulangerie, je l'embrassai comme du bon pain, tellement heureuse de ce retour inespéré à la réalité.

Pourtant, quand je mis la table du petit déjeuner en claudiquant, je remarquai l'air sombre et préoccupé de mon fiston. J'étais en train de tremper mon croissant dans mon bol de thé quand il lâcha le morceau :

— M'man, t'avais quel âge quand t'as eu Paul ?

Ce genre de questions ne ressemblait pas du tout à Émile. Émile était un enfant charmant mais néanmoins très centré sur lui-même, je savais par exemple que s'il était allé chercher les croissants c'était uniquement pour assouvir son envie irrépressible de boulotter des viennoiseries le dimanche matin et pas du tout pour faire plaisir au restant de la famille. Il était très généreux envers lui-même et par extension les autres bénéficiaient des miettes… Ce qui n'était déjà pas si mal.

— J'ai eu Paul le jour de mes vingt-sept ans, figure-toi… un beau cadeau non ?

— Mwouais… Jessica elle a quinze ans…

Je ne vis pas du tout le rapport entre Jessica et la naissance de son frère, en revanche avoir quinze ans en quatrième ne me parut pas être un signe de grande maturité…

— Ah oui… Jessica… tu la vois toujours ?

— Ben oui ! Elle est dans ma classe… on a fait la paix.

Je ne savais pas vraiment ce que voulait dire faire la paix en langage de quatrième… Avaient-ils arrêté de s'insulter en cour de récré ou de se toiser dans la rue ?

— Elle va reprendre le cadeau que je lui avais fait à la Saint-Valentin…

Je ne réagis pas à cette dernière phrase, ne reliant pas immédiatement les mots cadeau et Saint-Valentin avec la petite bête poilue qui se trouvait dans une cage, dans mon salon, et dont je m'occupais avec amour depuis quelques semaines. Mais quand mes neurones se reconnectèrent dans mon cerveau, je ne pus réprimer une certaine violence dans mes propos :

— Tu veux dire qu'elle veut reprendre son cochon d'Inde péruvien ? Je te rappelle quand même que cette petite bête est mon cadeau de fête des mères anticipé et que j'y tiens comme à la prunelle de mes yeux, personne ne me la reprendra, tu m'entends ?

— Eh ben si tu lui rends pas, c'est pas grave, de toute façon dans neuf mois elle aura de quoi s'occuper, alors garde-la…

Je devais être vraiment très fatiguée de ma barbecue-party de la veille car Émile, qui attendait une réaction virulente de ma part, n'eut droit à rien… Je le vis bien qui me regardait du coin de l'œil mais je continuai à boulotter mon croissant en le trempant dans mon Lapsang Souchong.

Je devais également avoir très faim car j'attaquai un deuxième croissant alors que je savais très bien qu'ils contiennent plus de trois cent cinquante calories chacun. À la 687e calorie, mes neurotransmetteurs se remirent à fonctionner correctement et je dis enfin à Émile la bouche pleine :

— Ah elle ch'est enfin déchidée à faire un apprentichage en alternanche ?

Émile fut visiblement dérouté par ma question.

— Ben… oui… enfin… moi aussi du coup…

Je recrachai ma dernière bouchée de croissant dans mon bol de Lapsang Souchong…

— Comment ça, toi aussi ? On en a déjà parlé, Émile, tu fais comme tout le monde, tu vas au moins jusqu'au bac et on verra après… l'apprentissage en alternance c'est quand on ne peut vraiment pas faire autrement.

— Oui eh ben là, on va pas pouvoir faire autrement, Jessica et moi, tu vois parce que Jessica elle va bientôt être enceinte et moi il va falloir que je fasse mon apprentissage de père rapide et pas en alternance sinon elle va retourner avec Kevin…

Émile était au bord des larmes. Il avait pour habitude de marcher le dos voûté avec les bras qui traînent par terre, mais à ce moment précis du drame familial, sa posture ressemblait carrément à celle de l'éléphant de mer qui se prend pour un escargot… La mienne pouvant être comparée à celle d'une tulipe de vase de salle d'attente en fin de carrière.

— Comment ça… elle va bientôt être enceinte, comment ça apprentissage de père, il est hors de question que tu sois père à treize ans, tu m'entends ?

— Mais je peux hein tu sais, j'ai tout ce qu'il faut et je sais comment on fait…

Je respirai un grand coup pour reprendre l'ascendant… mais ne pas pour autant passer pour une mère castratrice.

— Je sais bien, mon grand, que tu es presque un homme et que bientôt tu pourras toi aussi être un chef de famille responsable. Mais pour l'instant, tu vas garder ta petite graine et tu la planteras quand tu auras bac plus 5 ! Est-ce que c'est clair ? Et maintenant, tu me donnes le numéro de Jessica, j'ai deux mots à lui dire.

Émile courut chercher son portable pour me refiler le numéro de Jessica visiblement soulagé qu'une autre femme prenne en main son destin de géniteur précoce.

Après une conversation ponctuée d'une bonne dizaine de raccrochages au nez, je pus enfin ramener Jessica à la raison : OK elle était en échec scolaire… OK sa mère était absente, légère, court vêtue et irresponsable… OK son père était en prison depuis un an… mais NON se faire faire un enfant à quinze ans par un gamin de treize ans, en l'occurrence mon fils, était loin d'être une solution pour donner un sens à sa vie. J'acceptai donc, dans un élan d'empathie, de lui redonner mon cochon d'Inde punk péruvien en garde alternée : une semaine chez elle, une semaine chez moi, ce qui lui permettrait de se rendre compte de la charge de travail et de la responsabilité liées à l'éducation d'un petit être vivant… Et encore celui-là ne consommait pas un paquet de Pampers tous les trois jours.

Au bout d'une quinzaine de jours, Jessica s'aperçut que le cochon d'Inde était mieux chez moi que chez elle et elle me le laissa à demeure. Puis elle s'aperçut, à force de venir à la maison faire ses devoirs avec Émile, dans le but de réussir sa vie, que, elle aussi, elle était mieux chez moi que chez elle et elle s'installa peu à peu dans ma demeure.

*

À la fin du mois de juin, la situation était pesante et critique : je devais reprendre mon boulot de rédactrice de questions débiles en claudiquant, mes ados d'appartement avaient déjà déserté le lycée et le collège, seul Razmocket continuait à jouer au Monopoly à l'école pour passer le temps. Jessica dormait désormais cinq jours sur sept sur mon canapé, et je devais organiser les vacances de mes trois lardons en faisant coïncider les dates très imprécises de leur père avec celles très précises de leur mère.

Après trois jours et quatre nuits de calculs d'horaires de trains et de coups de fil tous azimuts aux potes argentés, aux copines divorcées, à la famille expatriée à Miami et des heures de surf Internet sur « Partirpascher.com », mes mois de juillet et août commencèrent enfin à se dessiner pour les vacances de la tribu de la loose : en juillet les géniteurs assumeraient chacun le fruit de leurs ébats pendant trois semaines, je prendrais le relais deux semaines en août, bien que je ne sache toujours pas où, comment, ni avec quel argent emmener ma marmaille se faire dorer la pilule.

Paul partait à l'île de Ré avec son père et la future nouvelle Madame Guillon, il était chargé au passage de décrire à la marâtre mon état de quasi-mort cérébrale à l'idée de devoir lui céder mon nom de femme mariée et de retrouver la Poute qui sommeillait en moi... J'avais également chaudement recommandé à mon grand garçon d'amour de faire quelques allusions à table sur les relations fusionnelles que son futur époux cultivait avec sa vieille mère cruelle et envahissante.

Ce genre de réflexions aurait le double avantage de mettre son père en pétard et d'installer le doute dans la tête de la future Guillon. Elle pourrait ainsi réfléchir à deux fois avant de tomber définitivement dans les serres d'une belle-mère mi-vautour mi-vampire qui n'aurait de cesse de lui torpiller son couple pour lui reprendre son fils chéri.

Émile, lui, partait comme chaque année dans la maison familiale du Limousin avec son père, ses grands-parents, ses oncles, ses tantes et ses cousins, je l'avais chargé de rappeler à son paternel combien il avait grandi de partout et combien il mangeait comme Shreck… Je lui avais d'ailleurs demandé de se resservir systématiquement trois fois de chaque plat à chaque repas pour que toute la famille se rende compte de l'énorme cavité qu'était devenu son estomac et de l'investissement financier qui en découlait. Il était également parti avec ses vieilles baskets en toile trouées, un jean en lambeaux et des tee-shirts élimés pour qu'aux réflexions :

« Mais ta mère ne te nourrit pas ? » ou « Mais demande à ta mère qu'elle te rachète des vêtements à ta taille ! », il puisse répondre avec sa tête d'abat-jour :

— Elle fait tout ce qu'elle peut mais elle n'y arrive plus la pôôôôvre !

J'espérais ainsi voir sa pension alimentaire passer de cent cinquante à deux cent cinquante euros assez rapidement…

Victor était, quant à lui, parti avec son père dans une voiture allemande de grosse cylindrée conduite par une jeune femme apparemment SDF (sans difficultés financières) en direction de Saint-Tropez, je ne l'avais chargé de rien, il se débrouillait très bien tout seul. Chaque année, il revenait avec une valise entière de vêtements automne-hiver de grandes marques offerte gracieusement par la nouvelle conquête de son père, ainsi que quelques accessoires de type Ray-Ban et autres baskets de marque portés par la jet-set…

Mais un autre problème de sexe féminin allait se poser avec le départ de mes trois olibrius de sexe masculin : que faire de cette Jessica qui commençait à étaler ses produits de beauté dans ma salle de bain ?

Joindre sa mère et lui remettre son colis en main propre avec accusé de réception en 48 heures chrono fut mon nouveau défi, mais après une première enquête, j'appris que, sachant sa fille chez moi, elle s'était octroyé quelques semaines de vacances en Croatie avec son nouveau fiancé serbe…

Je n'avais donc d'autre choix que de me rabattre sur son père incarcéré à Fresnes, certes, mais qui avait peut-être de la famille en liberté quelque part.

7

En Juillet, en général on est guilleret… mais pas toujours !

— Ah ben te voilà enfin Capu Guillon ! Tu nous as manqué, tu sais… On était tout perdus sans toi !

L'accueil de JTK, après trois mois d'arrêt de travail, fut on ne peut plus chaleureux et sympathique. Quand il me vit passer devant son bureau avec ma béquille, il stoppa tout net ses activités de réservation de villa à Miami pour me souhaiter la bienvenue et me servit même un petit long sans sucre dans son bureau, ce qui me fit chaud au cœur… et me brûla la langue.

— Nan c'est vrai tu vois trois mois sans toi et je me suis rendu compte que tu étais vraiment indispensable à cette boîte… Tu sais qu'on a quand même perdu pas mal de marchés ces dernières semaines…

Je me foutais éperdument des marchés perdus par JTK et sa kyrielle de mannequins ratés, mais je pris une mine de circonstance à l'annonce de cette terrible nouvelle, histoire de lui montrer que mon degré de corporatisme n'avait pas décliné avec le temps et que ma motivation pour la rédaction de questions et anecdotes débiles pour des jeux crétins était intacte.

— Tu sais, j'ai beaucoup repensé à ta proposition de création d'un département : « Concept de jeux et divertissements » pendant ton absence et je me suis rendu compte que, là-dessus, Nadège était un peu « lège » ! Nadège… « lège » : c'est bon ça !… Humour toujours !… Ah ah ah !

S'il y avait bien une chose qui me tapait sur les nerfs, c'était bien ça : un type suffisant et plein aux as, inculte mais persuadé d'avoir un QI en or massif, qui, comble de la vulgarité, riait à ses propres blagues pas drôles.

Malgré tout, je pris encore une fois sur moi pour offrir à mon interlocuteur un immense sourire panoramique puis me cachai la bouche avec la main gauche et me pliai en deux en me tapant sur la cuisse avec le plat de la main droite pour lui montrer combien j'étais sensible à son humour d'animateur de radio d'jeun's sur le retour !

— Nan, ce n'est pas vrai, Nadège a beaucoup de qualités… en revanche, la créativité et la réactivité n'en font pas partie…

L'air de rien, mon attitude méga-corporate de retour d'arrêt de travail pour cause de rupture de tendon d'Achille avait l'air de porter ses fruits : JTK était en train de m'annoncer que ma principale adversaire était *out* et que j'étais forcément celle qui allait monter et diriger ce nouveau département… Comme quoi, parfois, il valait mieux éviter de se battre pour gagner.

— Comme tu n'étais pas là, j'ai dû prendre une décision et je crois que je ne vais pas la regretter…

Je buvais du petit-lait, mon jour de gloire était enfin arrivé, j'étais même en train d'entonner *La Marseillaise* dans ma tête, quand JTK décrocha son téléphone, composa un numéro à 4 chiffres et dit :

— Tu peux venir dans mon bureau, s'il te plaît ?

Je feignis de ne pas me douter que la DRH allait débarquer dans les deux minutes qui suivaient avec mon nouveau contrat de directrice de département, en chantant dans ma tête « il est né le divin enfant… chantez tous son avèèèneuuuumennnnnnnt ! », quand un homme d'une quarantaine d'années que je ne connaissais pas surgit dans l'encadrement de la porte et planta son regard de braise et son sourire « Sanogyl Blancheur et Plantes » dans mes yeux ébahis par tant de charisme…

— Je te présente Brian, Brian Flitchowsky, notre nouveau directeur du département Jeux et divertissements… il a travaillé à la Fox, a été directeur opérationnel des programmes de MTV, et il va nous apporter son professionnalisme, sa vision internationale de la programmation audiovisuelle, et la rigueur dont nous manquions… tu vas désormais travailler sous sa… sous son… enfin… sous ses ordres !

Moi… sous Brian Flitchmachinchose de la Fox trucmuche ! Je venais d'encaisser le même genre de claquage que celui ressenti lors de ma rupture du tendon d'Achille à ceci près que cette fois-ci c'était le tendon qui reliait ma nuque à mes épaules qui venait de lâcher, me laissant flasque et invertébrée dans mon fauteuil, mon gobelet vide à la main, tel un vieux pétoncle à marée basse…

Une fois réinstallée à mon pétale de marguerite dans cet open-space verdâtre où je finirais très certainement ma carrière de scribe bon marché, je procédai à un rapide bilan de premier jour de retour d'arrêt maladie. Je n'espérais rien en arrivant, c'est vrai, mais quand même, je spéculais secrètement sur les boulettes de Nadège… Après trois mois de boulettes commises par mon adversaire, il était logique que je revienne dans la compétition avec de meilleures chances qu'au départ. C'était sans compter sur ce Flitchowsky fraîchement arrivé sur le marché du travail français après avoir travaillé dix ans aux States. La fascination des employeurs pour les gens qui ont travaillé aux States est sidérante, on peut être le pire boulet professionnel qui soit, si on dit qu'on a travaillé aux States on est quasi un demi-dieu du CAC 40 en France… J'aurais dû faire madame pipi aux toilettes de l'Aéroport JFK de New York pendant trois mois, ça m'aurait peut-être ouvert grand les portes d'une direction quelconque d'un département quelconque d'un média quelconque.

Pour rester positive malgré l'affront que je venais de subir et ne pas tomber dans l'aigreur d'une sous-fifre en fin de carrière, je me dis qu'il était quand même préférable de travailler sous Brian Flitchowsky de la Fox que sous Nadège Bouchard de Villetaneuse.

Les jours qui suivirent, je fis connaissance avec mon nouveau sous-chef, assez sympathique au demeurant, et je me rendis compte que mes compétences en matière de créativité étaient largement supérieures aux siennes. Je découvris également qu'il parlait l'anglais comme moi le cantonais du Nord et que ses connaissances en programmes audiovisuels étaient étrangement limitées aux séries des années 1980 : il en connaissait un rayon sur *Magnum*, *Les Drôles de dames* et *Starsky et Hutch* mais sa culture « jeux et divertissements » laissait franchement à désirer. J'en conclus qu'il savait très bien se vendre et que son stage de trois jours de transporteur de cafés à MTV France avait été copieusement gonflé au point de se transformer en un poste de direction à la FOX des États-Unis d'Amérique. Pour Brian Flitchowsky, la Plaine Saint-Denis, c'était un peu le Grand Canyon, JTK n'y avait vu que du feu.

J'aurais pu dénoncer l'odieux usurpateur mais je n'en fis rien : Brian était drôle, culotté et un peu perché, avec lui je reprenais enfin du plaisir à fouler la moquette de l'open-space chaque matin et à nous deux on allait transformer le département « Jeux et divertissements » en cour de récré !

*

Les enfants étant partis en vacances, je travaillais tard le soir au bureau pour pondre avec Brian les concepts de jeux et de divertissements les plus dingues de toute l'histoire de la télé. Notre premier bébé s'appelait *Le Grand Défi People*, il consistait à faire faire des trucs de malade à des gens célèbres, histoire de donner au grand public une autre image que celle les représentant à demi nus sur des plages de sable blanc ou passablement éméchés sous des porches à la une des magazines people.

Pour convaincre les célébrités de participer à cette mascarade, nous avions eu l'idée de mettre à leur disposition une cagnotte qu'ils pouvaient, s'ils relevaient leur défi, offrir à une association de leur choix.

La cagnotte était constituée de dons émanant des plus grandes fortunes françaises, qui défiscalisaient au passage et qui prouvaient par ce geste ô combien symbolique que les riches n'étaient pas tous d'abominables monstres de mesquinerie.

À chaque émission, trois célébrités devaient choisir entre trois défis et tenter d'en relever un chacun s'ils voulaient rester de vrais people au sommet de leur art. Enfin, pour que le concept fasse tilt dans les têtes des directeurs de divertissements des chaînes de télé, nous avions monté le dossier en prenant en exemple des people dont le blason avait besoin d'être redoré ou en mal de notoriété. Quant aux défis à relever, ils devaient être divertissants donc le plus idiots possible : on avait imaginé que Jacques Séguéla devrait démonter et remonter une Rolex en moins de vingt-quatre heures pour atteindre la rédemption, que Pierre-Marie Bannier devrait passer un mois au service de gériatrie de l'hôpital Trousseau en tant qu'aide soignant sans détrousser aucun patient. On avait aussi pensé à faire sauter Mimie Mathy à la perche mais comme Mimie Mathy nous était plutôt sympathique, on s'était rabattu sur Lara Fabian qui devait faire un duo avec Joey Starr… pour le défilé du 14 Juillet.

Mes journées de juillet passèrent très vite en compagnie de mon nouveau sous-chef, on s'amusait comme des petits fous à pondre des concepts de plus en plus absurdes, et je continuais d'écrire des questions débiles pour les jeux de la rentrée. En revanche, mes soirées étaient nettement moins folichonnes, moi qui m'étais imaginée profitant de mon mois de mère célibataire sans enfants pour roucouler en tête à tête avec ma zapette dans mon canapé, je dus renoncer : Jessica était dans la place et mon canapé avait pris la forme de ses fesses généreuses et de ses pieds bourrés d'orteils.

Moi, le chat Cacao, le cochon d'Inde péruvien et Jessica formions une sorte de famille recomposée, mais la voir sur mon canapé se faire les ongles des pieds en caressant son cochon d'Inde tous les soirs en rentrant du boulot provoqua chez moi une crise aiguë de terreur nocturne : je rêvai toutes les nuits qu'elle trempait le cochon d'Inde péruvien dans un flacon géant de vernis taupe de chez Chanel et qu'elle vitrifiait le parquet du salon avec la pauvre bête… Il fallait donc que je passe rapidement à l'action pour me libérer de l'envahisseur.

Peu avant le défilé des chars et de la Légion étrangère sur les Champs-Élysées, je pris donc la décision de combattre l'ennemi et de lui rentrer dans le lard manu militari.

— Bon, Jessica, il va falloir trouver une solution, je sais que ta mère est en vacances mais je ne vais pas pouvoir te garder éternellement… tu as bien de la famille quelque part, que je peux appeler ?

— Nan… j'ai que mon père, il est en prison… et aussi j'ai la sœur de mon père… et ma grand-mère… et un oncle mais qui vit à Londres… et un demi-frère… et j'ai des cousins à Marseille, j'crois…

Pour quelqu'un qui n'avait pas de famille, elle était quand même assez vernie, je m'apprêtai donc à attaquer la tante avant de me faire la grand-mère et les cousins de Marseille.

Il me fallut trois soirées passées au téléphone pour venir à bout du mystère Jessica : son père était fonctionnaire à la Caisse des Dépôts et Consignations et avait visiblement détourné quelques petites sommes au gré de ses écritures, en vue de se constituer une retraite digne de ce nom.

Il était prêt à se carapater au Brésil sans femme ni enfants quand la police l'avait cueilli dans le hall 2B de Roissy-Charles-de-Gaulle. L'homme n'était pas dangereux mais juste lâche, égoïste, vil et pleutre, rien de très original finalement. Sa femme avait demandé le divorce dans la foulée et avait dû recommencer à travailler après douze ans passés au foyer. Rien de très original non plus, à ceci près que le seul boulot qu'elle avait réussi à décrocher fut vestiaire dans un célèbre club échangiste de la capitale. Un vrai job à responsabilités mais qui l'avait un peu déconnectée du monde diurne… et vertueux.

Depuis quelques mois déjà, la jeune Jessica était livrée à elle-même dans l'appartement familial, sa mère dormait le jour, travaillait la nuit et partait régulièrement pour des escapades touristiques avec des collègues du boulot. Il ne me viendrait personnellement jamais à l'idée de partir faire du tourisme avec mes collègues d'open-space mais je ne travaillais pas comme vestiaire dans un club échangiste…

En attendant, la mère de Jessica était partie pour deux semaines de vacances avec un « collègue », mais cela faisait déjà un mois que sa fille habitait chez moi, qu'elle trouvait ma garde-robe très à son goût et qu'elle torpillait mon garde-manger à la vitesse de la lumière qui franchit le mur du son. Sur les conseils de sa tata, je décidai donc d'écrire à son père incarcéré à Fresnes pour quelques mois encore.

« Cher Monsieur,

« Je me permets de prendre mon plus beau stylo afin de coucher sur le papier quelques mots qui je l'espère vous toucheront au plus profond de votre conscience de père au point de vous tirer quelques larmes.

« Pour des raisons qui ne me regardent pas, votre ex-femme, qui est censée élever votre fille Jessica (le fruit de vos amours), a visiblement remis cette mission à plus tard… Pour votre information, sans mon intervention et celle de mon fils, Jessica vivrait seule depuis un mois, au milieu des rats dans l'appartement déserté par sa mère.

« Votre fille ayant tenté de détourner mon enfant de ses études déjà fort poussives afin d'assouvir son besoin de maternité précoce, j'ai pris la décision, il y a trois semaines, de l'héberger dans mon petit appartement de 63,50 m^2, afin de garder un œil sur elle jusqu'au retour de votre épouse, enfin de ce qu'il en reste...

« À ce jour, la mère de Jessica n'est toujours pas rentrée de son périple dans les Balkans ou l'océan Indien et je ne vais bientôt plus être en mesure de m'occuper de votre fille, ayant moi-même charge de famille : je tente d'élever seule mes trois garçons avec un salaire de misère et croyez-moi, ça n'est ni un sacerdoce ni une partie de plaisir…

« J'ai bien conscience que votre hébergement actuel dans cette belle demeure de Fresnes ne vous permet pas de récupérer votre fille mais je vous saurais gré de bien vouloir m'indiquer le nom et l'adresse d'une personne de votre entourage qui serait susceptible de l'accueillir jusqu'à votre retour parmi les gens honnêtes. Je pars en vacances avec mes enfants le 6 août prochain et ma tente Queshua n'est malheureusement pas assez grande pour accueillir Jessica, son duvet et sa mallette de maquillage.

« Dans l'attente de votre réponse et pour le bonheur de votre fille chérie, je vous souhaite une agréable... promenade...

« Sincères salutations.

« Capucine Guillon. »

Capucine Guillon... signer cette lettre de mon nom me renvoya à la figure le challenge qu'il me fallait relever avant la fin de l'année et que je m'efforçais consciencieusement de remettre à plus tard... Il me fallait trouver une solution pour garder mon nom de Guillon ou accepter l'idée de devoir signer toutes mes lettres par un horrible Capucine Poute jusqu'à la fin de mes jours... Il était 22 heures, on était le 16 juillet, je n'avais toujours aucune idée de l'endroit où j'allais emmener ma marmaille en vacances à partir du 6 août, mes caisses étaient désespérément vides, je remisai donc l'affaire Capucine Poute par-devers moi et me concentrai sur l'organisation de mes vacances au bord de la mer avec mes trois mollusques, mes trois euros, mais SANS Jessica.

Dans l'open-space, le rythme s'était franchement ralenti : après le 14 juillet et avant le 20 août, il était très rare de recevoir des commandes urgentes de questions débiles pour jeux crétins, tout le monde partait en vacances et ceux qui restaient préparaient tranquillement leurs dossiers pour les programmes de la rentrée. J'en profitai personnellement pour préparer mon dossier vacances du 6 août avec mon désormais meilleur pote de boulot : Brian Flitchowsky.

Après plusieurs déjeuners complices et arrosés, il m'avoua s'appeler en réalité Benoît Blin. Il était censé être mon supérieur hiérarchique mais je l'avais surnommé l'imposteur cathodique tant son bluff sentait le moisi. JTK n'y avait encore vu que du feu, il trouvait ses idées géniales et la seule question qu'il se posait à son sujet était :

— Pourquoi ont-ils laissé partir un esprit si ingénieux et visionnaire à la Fox ?

Les idées venaient le plus souvent de moi, mais je ne lui en voulais pas, bien au contraire, ça faisait très longtemps que je ne m'étais pas autant amusée en essayant de trouver les concepts qui taperaient dans le neurone des directeurs de département Divertissements des chaînes de télé. Après le jeu des people, nous nous attaquâmes à un concept de télé réalité, mais comme l'inspiration n'était pas au rendez-vous, je lui proposai plutôt de m'aider à trouver un concept de vacances réalité qui consistait à faire partir en vacances une famille composée de quatre êtres humains dont deux mollusques, d'un chat psychopathe et d'un cochon d'Inde péruvien, ce pendant quinze jours, à moindres frais, au bord de la mer et dans un délai extrêmement court.

Benoît Blin alias Brian Flitchowsky fit marcher son réseau pour me trouver un hébergement gratuit à l'île de Ré ou à Saint-Trop mais son réseau était déjà dans la place et la seule maison qu'il me dégota pour ma quinzaine estivale et familiale se situait à Guéret. Guéret… Guéret… Guéret… ce nom de station balnéaire ne me disait rien mais je n'étais pas non plus une cador en géographie. Un petit tour rapide sur Internet me permit de mieux situer le chef-lieu de canton du département de la Creuse qui, comme chacun sait, n'est pas spécialement réputé pour ses moules de bouchot ou sa raie au beurre blanc. L'imposteur cathodique avait donc ses limites, je dus me résoudre à chercher moi-même ma solution à mon problème.

Une solution que je trouvai dès le surlendemain en déambulant dans le magasin de dégriffés de mon quartier qui diffusait la radio… J'étais à la recherche d'un bikini taille 42 en bas et 38 en haut quand le dialogue entre l'animateur et une auditrice m'attira l'oreille…

— Et vous Chantal, où partez-vous cette année ?

— Ah, cette année, je ne pars pas, je loue ma maison en Bretagne pour gagner des sous et je vais habiter un mois chez ma belle-mère.

Quelle horreur ! Cette crise économique était décidément dévastatrice… être obligée de se farcir sa belle-mère pendant un mois pour pouvoir subsister le reste de l'année. Rien que de penser à la vie de cette femme me déclencha une énorme crise de tachycardie, je m'assis sur le tabouret de la cabine d'essayage, les oreilles collées au terrible destin de cette pauvre Chantal.

— Et vous avez trouvé des locataires pour votre maison, Chantal ?

— Non, pas encore... malheureusement... pourtant elle est très belle, il y a six chambres et un grand jardin, elle est à deux kilomètres de la mer mais c'est la Bretagne... les gens préfèrent aller où il fait beau...

J'étais désolée pour cette femme mais je ne pouvais toutefois pas m'empêcher de penser que le calvaire de devoir passer un mois chez sa belle-mère était bien pire que celui de devoir manger des patates toute l'année.

— Voulez-vous qu'on vous aide, Chantal, à louer votre maison au mois d'août ?

Cet animateur était vraiment sadique... ou alors il n'avait pas encore de belle-mère...

— Ah oui, si vos auditeurs sont intéressés, j'accepte même la colocation, ma maison peut accueillir deux ou trois familles et des animaux...

Au mot « animaux », l'image de mon cochon d'Inde péruvien et du chat Cacao gambadant joyeusement dans un jardin verdoyant me vint à l'esprit, suivie de très près par celle de mes deux mollusques et de mon Razmocket courant sur une plage bretonne à marée basse.

Toujours assise sur mon tabouret, j'appelai la radio et je notai consciencieusement le numéro de Chantal qui venait, très certainement, par son intervention radiophonique de signer son arrêt de mort. Tant pis pour elle, avec un peu de chance sa belle-mère s'étoufferait avec un noyau de reine-claude au début du mois d'août et Chantal aurait la vie belle...

Le soir même, je composai le numéro de la malheureuse Chantal.

— Oui bonsoir, je vous ai entendue à la radio cet après-midi et je suis très intéressée par la colocation de votre maison…

Après une bonne demi-heure de discussion avec Chantal, j'étais inscrite sur la liste des colocataires potentiels pour le mois d'août, le prix de la location par famille était dérisoire pour deux semaines. Je réservai donc une chambre pour les garçons, une pour moi, et une partie de l'arrière-cuisine pour le panier du chat Cacao et la cage du cochon d'Inde péruvien.

Mes vacances au bord de la mer commençaient à prendre forme. Chantal devait me rappeler dès que d'autres locataires se manifesteraient afin que je puisse prendre contact avec eux et faire connaissance par téléphone avant de le faire in situ, ce qui ne tarda pas… À dix jours du départ, j'avais fait connaissance avec les Kutz de Strasbourg et les Drouange de Poitiers, via Internet, et un bon esprit semblait régner sur cette future colocation.

Dans l'open-space, il ne restait plus que l'imposteur cathodique et moi… Autant dire que nos journées n'étaient pas particulièrement placées sous le signe de la rentabilité, mais c'est parfois du néant que sortent les plus belles idées…

— T'as pas envie d'un Twix ?

Benoît Blin n'avait jamais mis les pieds à la Fox et encore moins aux États-Unis mais son goût prononcé pour la junk food américaine était bien réel, il se nourrissait essentiellement de Twix et de Coca… toutes les deux heures en moyenne.

— Non merci ! Le Twix ne passera pas par moi, je te rappelle que dans une semaine je dois rentrer mon postérieur dans un bikini…

— Ah oui, c'est vrai ! T'as trouvé une maison, finalement ?

— Oui, en Bretagne et en colocation.

— Ah ben, t'as pas besoin de rentrer dans ton bikini alors… vous risquez de passer plus de temps à l'intérieur qu'à l'extérieur.

Au-delà du fait que ce salopiot de Blin venait de détruire en une phrase mon concept de vacances au bord de la mer en famille, son concept de vacances pluvieuses dans une grande maison remplie d'inconnus me donna une idée.

— Et si on proposait un jeu de télé réalité qui consiste à partir en vacances en famille dans une maison avec deux autres familles inconnues comme colocataires… celui qui tient le plus longtemps sans passer les enfants des autres au Sanibroyeur SFA gagne des vacances de rêve dans un palace aux Maldives… Qu'est-ce que t'en dis ?

— C'est génial !!!… une sorte de mix entre *Koh Lanta*, *Une famille en or*, *Secret story* et *Massacre à la tronçonneuse* !

Les références audiovisuelles de Blin/Flitchowsky étaient toujours un peu déconcertantes, mais dans l'esprit il était souvent assez proche de l'idée de base.

Les huit jours qui suivirent furent consacrés à l'élaboration du dossier de présentation du projet, on tenait un concept de folie que les directeurs des programmes allaient nous arracher, JTK était aux anges sur son yacht, mes vacances étaient toutes proches, pourtant je n'arrivais pas à savourer pleinement ces instants de douce euphorie.

À trois jours du départ, je compris pourquoi, en découvrant une enveloppe postée à Fresnes dans ma boîte aux lettres…

« Chère Madame Guillon,

« Je vous suis très reconnaissant de prendre soin de ma fille Jessica en l'absence de sa mère, enfin de ce qu'il en reste… Pour les raisons que vous connaissez, je ne vais pas être en mesure de vous débarrasser de cette petite peste égoïste et opportuniste avant ma sortie de cet établissement.

« J'ai eu beau supplier ma sœur il y a une semaine au parloir, elle refuse catégoriquement de prendre en charge sa nièce ne serait-ce que quinze jours au mois d'août. Je n'ai pas insisté, ma sœur étant déjà physiquement et psychiquement très diminuée depuis son dernier dîner avec Jessica.

« Il semblerait que la compagnie de votre fils tempère quelque peu son comportement volcanique et suicidaire, aussi je vous demande par pitié et par charité chrétienne de prendre Jessica sous votre aile protectrice jusqu'à ma remise en liberté dans le courant du mois de septembre…

« Je vous promets que vous pourrez me demander tout ce que vous voulez en retour, si ce n'est pas de l'argent bien évidemment.

« Vous remerciant par avance pour votre diligence et votre abnégation.

« Sincères salutations.

« Jean-Jacques Mimbert. »

Mimbert... Jean-Jacques Mimbert... je me demandai qui avait bien pu choisir le prénom de sa fille... sa femme ou lui ? Quoi qu'il en soit Jessica était certes assez agitée, un brin bordélique, et assez peu philanthrope, mais je pouvais comprendre que grandir en portant le patronyme ridicule de Jessi ca-mimbert puisse occasionner quelques séquelles comportementales. J'espérai pour elle que sa mère n'avait pas poussé le vice jusqu'à vouloir accoucher à Pont-l'Évêque.

Moulée à la louche ou pas, il fallait quand même que je me fasse à l'idée que Jessica Mimbert allait faire partie intégrante de ma quinzaine de repos annuel en Bretagne, je notai donc en rouge, sur un Post-it :

« Ne pas oublier ordonnance toubib : Prozac et Stilnox »

Et comme je venais d'entamer le paquet de Post-it, je crus bon de poursuivre mon travail de préparation logistique de la quinzaine :

« Acheter accroche-caravane pour BX + remorque »

(... avec une personne de plus, la remorque s'imposait...)

« Acheter matelas gonflable »

(... il était hors de question que Jessica dorme dans le lit d'un de mes fils et encore moins dans le mien...)

« Défaire valises enfants + refaire valises spéciales Bretagne »

(… l'été en Bretagne n'étant pas le même été que dans le reste de la France, les débardeurs qu'ils avaient portés avec leur père n'avaient rien à voir avec les polaires qu'ils porteraient avec leur mère…)

« Arrêter de nourrir le chat vingt-quatre heures avant le départ »

(… le dernier voyage en BX avec le chat Cacao repu sur la plage arrière avait viré au film gore au bout de trois quarts d'heure…)

« Prendre RV BX vidange »

(… un coulage de bielle sur autoroute était si vite arrivé…)

« Donner clefs Herr General »

(… chaque année pendant mes vacances d'été, une de mes ex-belles-mères insistait pour passer tous les deux jours chez moi afin de faire crever mes plantes…)

À la fin de mon atelier Post-it, les petits bouts de papiers jaunes collés sur le miroir de l'entrée étaient si nombreux que je dus faire l'horrible constat qu'Alzheimer s'était déjà très certainement attaqué à mon tissu neurovégétatif. Je me servis un verre de vin pour fêter ça et préparai le dîner pour Jessica qui chantait du Diam's dans la chambre des garçons en se balançant d'avant en arrière… une bonne soirée s'annonçait !

*

Quand je lui annonçai le programme des prochains jours et sa téléportation forcée en terre bretonne, la colère de Jessica fut dantesque. Je ne la connaissais pas encore sous cet angle, et quand elle renversa son assiette de spaghetti carbonara sur la cage du cochon d'Inde péruvien, je compris mieux le refus catégorique de sa tante concernant son hébergement provisoire.

Ce cochon d'Inde n'avait toujours pas été baptisé, je décidai ce soir-là de l'appeler Marley : il portait très bien les dreadlocks carbonara pour un Péruvien…

J'espérais que le retour des garçons, le lendemain, allait la ramener à la raison et que je ne serais pas obligée, le jour du départ, de la faire rentrer sous la menace d'un fusil à canon scié dans la BX du bonheur. La seule phrase qui sortit de sa bouche après l'épisode du cochon d'Inde à la carbonara, me mit le doute :

— Je veux pas partir avec Émile, je le kiffe plus du tout d'façon, Émile… il est trop naze…

D'après mes calculs, ils en étaient à leur vingt-huitième séparation depuis la Saint-Valentin, ce qui était une moyenne tout à fait honorable à quatorze ans mais qui n'arrangeait pas mes projets estivaux. Je n'aurais très certainement d'autre choix le jour du départ que de lui coller un quart de Lexomyl dans son bol de Chocapic.

Pour mon dernier jour de boulot, j'avais invité le Blin/Flitchowsky à déjeuner à la pizzeria du coin, le pauvre, il méritait bien ça : il allait devoir passer deux semaines à ne rien faire, dans une société de production audiovisuelle totalement vidée de ses forces vives. Les dossiers du divertissement de télé-réalité avaient été envoyés, les rendez-vous avec les patrons de chaîne étaient pris pour fin août-début septembre, ne lui restait plus qu'à trouver un titre percutant à ce programme qui ne l'était pas moins, de quoi l'occuper jusqu'au retour de JTK.

Durant le déjeuner, il se livra un peu plus sur sa vie intime : à trente-neuf ans, il était célibataire sans enfants, il papillonnait et cumulait les aventures sans lendemain avec des filles très jolies mais pas très drôles. Et depuis quelques mois, il pensait à se poser et éventuellement à s'engager avec une fille bien… Je sentis que nos rapports, qui étaient jusque-là basés sur l'humour et la déconne, allaient évoluer vers autre chose, une sorte d'amitié complice qui ne me déplaisait pas. Après m'avoir fait le portrait de celle qui pourrait être la « femme de sa vie », je sus tout de suite que ça n'était pas moi : les critères physiques étaient prépondérants ; cela me libéra donc de toute velléité de séduction même feinte.

Il me parla de lui, et moi de moi… et nous nous gaussâmes de nos vies atypiques et dissolues jusqu'au tiramisu. Le chianti aidant, je lui racontai le vol de mon nom par la future femme de mon ex-mari, ma quête d'un Guillon de remplacement pour un mariage blanc, mes enfants que je récupérais le soir même dans trois gares différentes…

Quand le limoncello arriva sur la table, j'en étais à la description de l'abominable Jessica qui s'apprêtait à me faire avaler mes crêpes bretonnes de travers, et à celle de son père qui s'apprêtait à passer un dernier mois peinard à l'ombre des barreaux de Fresnes.

— Pourquoi tu la forces à venir… si elle veut pas… ?

Chianti + chianti + limoncello = question idiote en général…

— Ben… parce que… j'ai promis à son père… enfin… surtout… je ne peux pas laisser cette gamine inconséquente quinze jours dans mon appartement… elle va me le détruire…

Chianti + chianti + limoncello + question idiote = réponse brutale mais sincère…

Flitch se mit à se masser le lobe de l'oreille droite… signe qu'il entrait dans une phase de réflexion intense.

— Est-ce que tu serais prête à la confier à une experte en ados enragés ?

— Tu veux dire une sorte de psy ? Ah non, je n'ai pas les moyens et puis je pars ce week-end…

— Non, quelqu'un qui a bossé en maison de redressement, qui a fait l'armée et qui adore remettre les ados en perdition dans le droit chemin.

Sa façon de m'indiquer le droit chemin avec sa main qui tanguait était loin de me rassurer, cependant je fis celle qui était intéressée.

— Ma sœur est éducatrice spécialisée en ados récalcitrants, elle est super-bonne, elle a failli être prise au casting de *Super Nanny* mais son physique de bûcheron canadien n'a pas plu à la production… je peux lui demander si tu veux…

— Je ne peux pas la payer, laisse tomber.

— Je te tiens au courant…

Il était déjà 17 heures… le temps passait vite à la pizzeria… j'abandonnai Flitch pour récupérer Émile gare de Lyon à 17 h 39, puis Victor à 18 h 28 à

Montparnasse et enfin Paul à 20 h 05 à Austerlitz. Dans la voiture, Émile me fit part de ses problèmes avec Jessica et refusa catégoriquement de partir en Bretagne si elle venait, Paul ne disait rien… une poussée d'acné lui avait ravagé le visage et il arborait un sourire béat : la magie des hormones venait d'opérer. Victor, quant à lui, ne parla que de la nouvelle fiancée de son père : une princesse espagnole fan d'équitation qui lui avait appris à murmurer à l'oreille des poneys…

Le retour à l'appartement fut un moment formidablement joyeux. J'avais vraiment hâte de partir en Bretagne… mais seule ! L'idée d'appeler Flitch pour qu'il demande au bûcheron canadien qui lui servait de sœur de prendre les quatre en pension complète me traversa l'esprit… Je n'en eus pas le temps, c'est Flitch qui m'appela le premier :

— Ouais c'est bon… elle te la prend… quinze jours gratos, ça l'arrange…

— Comment ça… ça l'arrange ? Il est impossible que la compagnie de Jessica arrange qui que ce soit !

— Elle a le fils d'un animateur télé en dressage pendant quinze jours : une terreur, il paraît… donc Jessica en même temps, ça l'arrange.

— Mais, pourquoi ? Elle veut leur faire faire des petits ? Elle se lance dans l'élevage de caïds ?

— Non, elle dit qu'en duo, ses stages de canalisation non violente sont plus efficaces… il paraît qu'après… j'te dis pas… tu vas pas la reconnaître, la gamine !

— Oui enfin… il faudrait quand même que son père puisse la reconnaître à sa sortie… si elle se fait démonter le portrait par la terreur… je suis dans la merde !

— T'inquiète… elle fait des merveilles, ma sœur, elle a coaché Jean-Claude Van Damme, tu sais…

Cette ultime référence ne me rassura pas entièrement mais à la réflexion, si Jessica pouvait elle aussi canaliser sa violence pour devenir une grande philosophe de l'absurde, ça valait le coup d'essayer.

Plutôt que partir en Bretagne avec Émile et toute sa famille de « nazes », Jessica accepta, avec un rictus proche d'une amorce de sourire, les quinze jours en compagnie de la sœur de Flitch dans un loft parisien. J'avais à peine parlé de loft, de fils d'animateur télé et de Jean-Claude Van Damme que ses valises étaient prêtes.

Flitch était un bel homme : grand, large d'épaules, bien bâti, athlétique. Pourtant, quand je le vis à côté de sa sœur à la porte du loft… j'eus la curieuse impression de voir un de mes pulls en laine quand il passe à la machine programme 90°, essorage 1 800 tours minute : il avait considérablement rétréci au lavage pendant la nuit. En les voyant tous les deux côte à côte, une seule image me vint à l'esprit : une crevette mâle et un homard femelle. J'abandonnai donc Jessica dans les pinces de la « homarde » et je partis dès le lendemain, le cœur léger et les valises pleines, en direction de la côte d'Émeraude.

8

En août : on prend la route… ou la déroute…

— On ne se ferait pas une petite crêperie ce midi, les garçons ?

Au quatrième jour de nos vacances bretonnes à fort pourcentage hygrométrique, je sentais mes trois lascars un peu à cran, la météo n'était pas propice à la baignade, la maison de Chantal sentait un peu le moisi et nos colocataires étaient… étaient là… indéniablement là… irrémédiablement là !

Sitôt proposée, la sortie crêperie fut donc unanimement adoptée, et nous retrouvâmes le temps d'un repas une certaine forme d'intimité.

— Ça existe pas, M'man, les maisons de vacances qu'on loue sans personne dedans ?

— Si chéri, ça existe, mais c'est plus cher…

— Pourquoi c'est plus cher ?

— Bien parce que… c'est… c'est comme les meubles Ikéa : les meubles Ikéa c'est moins cher que des meubles de designers parce que c'est très difficile à monter, eh bien les maisons avec des gens dedans, c'est moins cher parce que c'est très difficile à supporter.

Victor supportait depuis notre arrivée les deux petits garçons hyperactifs de la famille Kutz, des Alsaciens dont la définition du mot vacances était très proche de celle que je donnais au mot bagne. Leur réveil sonnait chaque matin à 8 heures, ils épluchaient tous les guides au petit déjeuner, visitaient tout ce qui pouvait se visiter y compris les toilettes publiques des cités médiévales et commentaient chaque soir, pendant des heures, leurs découvertes culturelles et gastronomiques du jour.

La nourriture avait une place très importante chez les Kutz quantitativement et qualitativement : la première question qu'ils posaient le matin au petit déj' était « Qu'est-ce qu'on mange ce soir ? » et la dernière avant de se laver les dents « Qu'est-ce qu'on mange demain midi ? », autant dire que leurs nuits devaient être torrides. Peut-être rêvaient-ils d'un accouplement entre une galette complète et une crêpe au sucre…

Pour des questions de logistique, nous avions convenu dès le deuxième jour de faire cagnotte commune pour les frais de bouche du petit déj' et du repas du soir… mais je m'apprêtais à remettre cet accord en cause lors de notre prochain dîner. J'avais complètement omis de mesurer l'estomac de mes colocataires avant de signer le pacte : à quatre ils engloutissaient en deux jours ce que nous mangions à cinq en une semaine. Je voulais bien concevoir que l'air de la mer pouvait creuser les estomacs mais de là à attaquer les forages, il y avait une marge…

Yohan et Jeremy Kutz, douze ans à eux deux, avaient la fâcheuse habitude de hurler à la mort le soir dans leur lit et de hurler tout court le reste de la journée, ce qui leur valut assez rapidement les surnoms de « Métal hurlant 1 et 2 ». Les parents Kutz étaient charmants au premier abord mais je les avais assez vite classés dans la catégorie « éleveurs d'enfants rois » tant leur incapacité à maîtriser leur progéniture était flagrante. Au troisième dîner, lorsque la tongue de Métal hurlant 2 atterrit dans mon assiette de moules marinière, je me permis une légère remontrance, Madame Kutz s'en permit une autre à mon égard :

— Oh c'est bon… c'est que des gosses hein ! Si y peuvent plus s'amuser !

Je décidai donc, pour éviter désormais que leurs gosses s'amusent dans mes moules marinière, que je dînerais avec les miens un peu plus tard dans la soirée. Cette décision ne plut pas du tout aux métaux hurlants et leurs cris de mouettes pithiatiques redoublèrent.

Fort heureusement, la famille Drouange de Poitiers était beaucoup plus affable, et moins bruyante. Leur fille de treize ans, Valentine, discrète et bien élevée, était passionnée par le dessin, elle croquait toute la journée : la lande bretonne dans la brume matinale, la mer au soleil couchant (quand il y avait du soleil) et à voir les regards que lui lançait Émile, la bouche ouverte et la lèvre pendante, il l'aurait bien croquée lui aussi s'il avait pu. Valentine n'étant pas du tout le genre de jeune fille précoce qu'on voit se bécoter sur les bancs publics à la sortie des collèges, Émile se mit donc au dessin pour tenter de l'approcher. Je m'aperçus à cette occasion et avec effroi qu'il n'y avait pas beaucoup de différence entre sa représentation de Valentine et celle qu'il avait faite de moi en petite section de maternelle sur un torchon de fête des mères, il y a dix ans.

Les problèmes de repas en commun ne se posaient pas avec les Drouange : ils étaient végétariens et ne mangeaient que des graines et du tofu assaisonnés de quelques algues lyophilisées les jours de fête… Madame Drouange était prof de yoga, Monsieur Drouange était gérant d'une Biocoop. Ils menaient une vie très saine, très proche de la nature, ils marchaient sur la plage sous la pluie et en plein vent, ils respiraient à pleins poumons, ils contemplaient, ils mangeaient peu, ils ne buvaient que de l'eau bio… ils étaient très pâles et très maigres.

*

Un matin, alors que le ciel se dégageait, Madame Drouange me demanda si je voulais participer au cours de yoga qu'elle donnait sur la plage à son mari et à sa fille. Elle devait passer un examen pour devenir prof en septembre et elle avait besoin d'élèves cobayes. Je me dévouai volontiers, histoire de prendre l'air…

Sur l'immense plage déserte (forcément), elle installa des serviettes sur le sable mouillé. Je fis alors ma première approche de la discipline, et très certainement, la dernière… La séance commença par « une prise de conscience de son corps en position du lotus » : en tailleur, donc. Le but du premier quart d'heure était d'apprendre à respirer par le ventre en imaginant dans sa tête tout le chemin que parcourait l'air dans le corps, une fois qu'il avait été inspiré par les narines… Le fait même de tenter une visualisation de mon intérieur me colla un bourdon monstrueux, et la position du lotus sur serviette humide me rappela que ma souplesse n'était pas tout à fait celle d'une danseuse du corps de ballet de l'Opéra de Paris mais qu'elle se rapprochait plutôt de celle d'un manche à balai. Ceci étant dit, ce premier quart d'heure me permit de faire ma liste de courses et de préparer le programme des activités du lendemain avec les enfants. Bien m'en prit car les deux quarts d'heure suivants furent nettement plus actifs : Madame Drouange enchaîna les postures comme une possédée !

Je passai du demi-lotus au lotus, avant de poursuivre avec la posture de l'arbre puis avec celle du cobra, beaucoup plus ardue. Les dernières postures du quatrième quart d'heure me posèrent alors quelques problèmes d'ordre gastrique. J'exécutai la charrue sans grande conviction et c'est la posture de la sauterelle, pourtant réputée élémentaire, qui me donna la nausée… ce qui désola Madame Drouange.

— C'est de ma faute ! Ça m'apprendra à mettre la charrue avant la sauterelle !… fut la seule tentative d'humour qui me vint à l'esprit pour tenter de la déculpabiliser, mais elle rentra à la maison dépitée, persuadée qu'elle raterait encore une fois son examen de prof de yoga à la rentrée prochaine.

Comme l'épreuve comportait également une séance de méditation de vingt minutes, je lui proposai mes services et ceux de mes fils pour lui redonner confiance… Les Kutz étant partis visiter le Mont-Saint-Michel et se goinfrer des délices de la mère Poulard, nous avions le salon pour nous… Le but du jeu était, cette fois-ci, de visualiser les orteils de notre pied droit… puis ceux de notre pied gauche… le premier… OK je le visualisai bien, le gros avec sa tête de radis… le deuxième OK… je le vis aussi, le troisième… un peu moins bien déjà… je ne vis jamais le quatrième… tant cette méditation vira à la bonne grosse sieste.

À mon réveil, Madame Drouange semblait apaisée et rassurée sur sa capacité à faire méditer le commun des mortels… J'étais personnellement rassurée sur ma capacité à m'endormir n'importe où, simplement en comptant mes orteils : ça me servirait un jour, j'en étais persuadée !

Les jours suivants, le ciel retrouva des couleurs, mes mollusques retrouvèrent le sourire et pour éviter d'avoir à faire le salut au soleil avec les Drouange ou de zigouiller les Métaux hurlants dès le petit déj', nous décollions très vite de la maison pour ne rentrer que le soir.

L'avantage du bord de mer en Bretagne c'est que les plages sont immenses, que la mer se retire parfois très loin et qu'il y a par conséquent une place inouïe pour poser sa serviette et son petit matériel. Aucune promiscuité sur les plages bretonnes, la liberté de mouvement totale… jusqu'à ce qu'une famille vienne se coller à vous comme une bernique sur un rocher.

Nous étions peinards en partant nous baigner, nous l'étions nettement moins en revenant nous sécher.

— T'as vu, M'man, on dirait que y a des amis à toi qui sont venus te rejoindre.

Nous étions encore à cent mètres au moins de notre petit campement et il semblait en effet que des connaissances nous avaient rejoints, ils avaient étendu leurs serviettes à dix centimètres à peine des nôtres et marchaient sur nos tongues.

— Tu les connais, M'man ?

Non, je ne connaissais pas ces gens, je me demandais pourquoi ils étaient venus s'installer sur nos serviettes alors que la totalité du sable de la plage était à leur disposition.

Nous déplaçâmes nos serviettes de quarante mètres sous les yeux éberlués de la famille Bernique qui pensait sans doute qu'on avait besoin de compagnie. La sociologie des plages est finalement la même que celle des villes : on va là où il y a du monde... ça rassure !

Dinard était une station balnéaire mythique qui comptait un nombre impressionnant de demeures ostentatoires construites en partie par l'aristocratie anglaise à la fin du XIXe siècle. Manger un hot-dog sauce béarnaise sur la plage de l'écluse face à la villa Hennessy me parut donc fort à propos pour fêter dignement le premier jour de soleil depuis notre arrivée. Le bain à 17 degrés nous avait affamés, et nous n'étions pas les seuls, il y avait la queue à la paillote...

À 15 h 30, nous croquions enfin dans nos hot-dogs, les fesses bien calées dans le sable tiède... il était temps de déjeuner, les premiers nuages arrivaient et je crus que l'un d'eux venait de se décrocher de la voûte céleste quand une ombre géante arriva sur moi en poussant des cris atroces.

Je n'eus pas le temps de serrer mon hot-dog contre mon cœur que la saucisse s'était déjà envolée... Ma saucisse ! De mon hot-dog ! Dans un bec jaune avec des ailes autour ! J'étais en état de choc... terrorisée par cette agression venue du ciel, mon cœur battait aussi fort dans mon intérieur que Manu Katché sur sa batterie… Je venais de subir ma première attaque de mouettes : elles étaient au moins douze, autant dire un troupeau, elles avaient repéré ma saucisse de loin parce qu'un tout petit bout orange dépassait du pain… J'appris par la suite qu'il s'agissait de goélands et que rien n'est plus perçant que l'œil d'un goéland !

Après avoir repris mes esprits, je remarquai qu'autour de moi l'hilarité était générale… mes trois mollusques avaient du mal à reprendre leur respiration tant leur fou rire était tenace. Mon sourire l'était nettement moins, je me rhabillai avec la ferme intention d'aller me plaindre à la police municipale.

En sillonnant les rues de la ville, je préparai mon allocution dans ma tête, bien consciente qu'il était compliqué pour un policier municipal de passer les menottes à une mouette, surtout quand elles étaient douze… Mais je voulais marquer le coup, et leur faire comprendre qu'une station balnéaire se devait de veiller sur la sécurité de ses touristes.

Une fois devant la demeure du XIXe siècle parée de drapeaux tricolores frémissant au vent du nord, je montai les escaliers en chantonnant *La Marseillaise* pour me donner du courage…

— Bonjoooour…

Je n'étais pas très contente de mon bonjour, il était beaucoup trop mielleux… il aurait fallu un bonjour très sec pour que l'agent à l'accueil soit happé par la dimension tragique de l'événement.

— Madameu bonjoureu, que puis-jeu faireu pour vous ?

À chaque fois que j'avais affaire à la police (ce qui était assez rare fort heureusement), je tombais systématiquement sur un agent qui avait l'accent du Sud, à croire qu'il y avait une épreuve « maîtrise de l'accent de Mareuseille » au concours d'entrée de l'école de police… peut-être pour les rendre plus sympathiques…

— Je viens vous signaler une agression…

Quand le mot agression sortit de ma bouche, je me rendis compte qu'il devait très certainement y en avoir un autre, parmi la multitude de mots que comporte la langue française, qui correspondait mieux à la situation… Mon inculture me conduisit directement en salle de dépôt de plainte.

— Suivez-moi… on va prendreu votre dépositiongue…

— C'est-à-dire que je ne sais pas si je dois déposer plainte parce que bon… les agresseurs sont des…

Je n'eus pas le temps de finir ma phrase que le lieutenant enchaîna en trifouillant dans sa banette :

— Ce sont des personnes que vous connaissez, eh oui ça arrive aussi… si vous saviez le nombre de personnes qui se font agresser par des proches… vous seriez surprise.

— C'est-à-dire qu'elles étaient proches, c'est vrai… mais pas…

— Vous dites elles… il s'agit donc d'individus de genreu féminin… c'est dingueu… moi qui pensais que les femmes étaient solidaires entre elles… on vit vraiment dans un mondeu… Alore diteu-moi… c'est arrivé quand ?

— Ben heu là… y a… une demi-heure sur la plage…

— Ah magnifiqueu, en plein jour… vous avez des témoins, je supposeu…

— Ben oui plein… mais faut pas exagérer… c'est pas non plus une grosse agression.

— Comment ça, faut pas exagérer ! Y a pas de petiteu ou de grosse agression, toute agression doit être punie… même si on ne fait pas grand-choseu, on va au moins les convoquer, leur souffler un peu dans les broncheu, leur faireu peur et ça les calmeura déjà !

— Enfin, il faut déjà les attraper… ce n'est pas évident…

Il avait enfin réussi à allumer son ordinateur et se mit à taper :

— Alors… nom… prénom… adresse… un téléphone…

Il était lancé, et je n'arrivais pas à trouver le moyen de l'arrêter.

— Vous m'avez dit connaître vos agresseurs, vous avez leurs noms ?

— Ah heu non… en fait, je ne pense pas qu'elles aient un nom… à moins qu'elles soient dressées…

— Comment ça, dressées ?

— Oui. En même temps que je vous parle, je me disais que peut-être elles étaient dressées pour voler les touristes et que peut-être elles ramenaient ensuite le fruit de leurs larcins à une sorte de cerveau qui gère tout le troupeau !

— Attendez… Vous me parlez d'un troupeau de quoi, là ?

— Un troupeau de mouettes ! J'ai été sauvagement agressée par un troupeau de mouettes venues de je ne sais où, qui m'a piqué la saucisse de mon hot-dog… y en a même une qui m'a fouetté la joue avec son aile et une autre qui m'a décoiffée avec sa patte !

« … … … … »

Plus je regardais le sergent-major plus je voyais dans son regard une expression que je n'avais encore jamais vue dans aucun autre regard. Un mélange d'effroi, de pitié et de torpeur… je ne savais pas si je devais en rajouter mais je pensais sincèrement qu'il avait son compte…

Devais-je me lever et m'éclipser discrètement pour le laisser digérer ma déposition, tranquillement ? Ou devais-je poursuivre mon dépôt de plainte contre X mouettes… ? Alors qu'elles étaient douze… je les avais bien comptées.

Je décidai de mettre fin à son calvaire.

— Je sais que ça paraît bizarre, mais vous savez, c'est très impressionnant, j'ai été en état de choc pendant un bon quart d'heure et… et en venant vous voir, je voulais juste éviter que d'autres personnes ne subissent les mêmes… sévices !

— Ah…

— Oui parce que là c'était ma saucisse, la prochaine fois si c'est une mouette un peu myope qui attaque, quelqu'un peut y laisser un doigt, ou une oreille, et là croyez-moi… ça sera nettement plus dramatique.

— Et à votre avis, qu'est-ce que la police peut faire contre des mouettes ?

C'est vrai que j'imaginais mal un car de CRS chargeant une escadrille de mouettes sur la plage, mais je n'imaginais pas non plus que la police municipale laisse une plage de sa commune devenir une zone de non-droit…

J'entamai alors un long monologue afin de proposer des solutions anti-mouettes, les ultrasons pour éloigner les ados bruyants existaient bien, il était inimaginable qu'on ne puisse pas faire la même chose pour ces volatiles voraces. Ou alors ouvrir un bar à hot-dogs spécial mouettes… Après plusieurs propositions, je sentis que mon auditoire commençait à se lasser, je pris mes affaires et rejoignis mes mollusques à la plage.

Après m'être assise en lotus, avoir fait la charrue avant le cobra et visualisé mes dix orteils, je me sentis beaucoup mieux et d'attaque pour une petite baignade en trikini : un nouveau concept de maillot de bain.

*

J'en avais essayé une bonne douzaine au Monop avant de partir et j'avais eu un mal fou à trouver celui qui mettrait ma plastique de déesse antique en valeur. Le shorty me moulait la cuisse, avec le bikini j'avais un ventre de buveuse de bière, en une-pièce noir et blanc, les enfants auraient encore hurlé « Sauvez Willy » quand je serais allée me baigner. J'avais failli abandonner quand, au détour du rayon pyjama, j'étais tombée sur ce maillot… enfin cette curiosité délaissée par une cliente trop pressée et peu scrupuleuse.

Je m'étais donc réinstallée dans la cabine d'essayage pour enfiler cette pièce étonnante : un mélange de bikini et de une-pièce, sauf qu'en fait il y avait trois morceaux… Trois morceaux collés les uns aux autres. Comme il n'y avait pas de mode d'emploi ni de schémas de montage, je m'étais débrouillée seule pour trouver dans quels trous je devais mettre mes jambes et dans quels orifices devaient rentrer mes bras, ce qui me prit un certain temps… J'avais les deux bras dans le même trou quand j'entendis la voix de Madame Monop : « Nous rappelons à notre aimable clientèle que notre magasin fermera ses portes dans un quart d'heure… »

Un quart d'heure plus tard, j'avais enfin réussi à mettre tous mes membres dans tous les trous mais je m'étais visiblement trompée de sens : mon opulente poitrine était totalement à l'air, les deux seins tout juste séparés par une petite bande de tissu, en revanche ce qui aurait dû me cacher le popotin me faisait comme une culotte sur le ventre : j'avais le devant derrière et le derrière devant, ce qui me donnait un petit côté Laure Manaudou version Picasso. Cependant, pressentant que ce trikini avait la forme idéale de maillot pour mon corps de rêve, je décidai de me l'offrir…

« Nous rappelons à notre aimable clientèle que notre magasin ferme ses portes. »

Je me débattis comme une folle dans une camisole pour sortir du trikini et j'arrivai à la dernière caisse ouverte en plaquant ma trouvaille sur le tapis roulant tel Chabal sous les couleurs du XV de France (mais sans la barbe).

Depuis cet essayage en milieu urbain, je n'avais jamais réitéré l'opération… par manque de temps, de patience et de soleil. Je m'apprêtais donc à le faire sur une plage, en public, et avec une serviette « Winnie l'ourson » en guise de cabine d'essayage…

À 19 h 12 très exactement, alors que le soleil breton commençait à perdre de son intensité et que le vent du nord soufflait copieusement, je sortis triomphalement de ma serviette « Winnie l'ourson », les fesses moulées dans mon trikini orange. La mer s'était retirée très loin, les enfants avaient trop froid pour se baigner, et il n'y avait plus assez de monde sur la plage pour m'admirer. Je me rhabillai donc par-dessus le trikini, pour ne pas être en retard pour le dîner.

Sur le chemin du retour, je me demandai d'ailleurs si je n'allais pas dormir avec mon trikini pour être sûre de pouvoir me baigner le lendemain… avant minuit…

Chaque soir dans notre charmante colocation, une des trois familles préparait le dîner. Quand les Drouange s'y collaient, j'emmenais les enfants manger une double galette saucisse juste avant le repas, mais ce soir-là nous étions sûrs de manger à notre faim : les Kutz étaient aux fourneaux et les Métaux hurlants étaient à la calligraphie du menu en mode silencieux pour une fois…

Entrez :
« Choucrute de la mère »
Plas Prinssipale :
« Pijonot du Mont Saint Michel sosse gribouilliche avec ces petite patate autour »
Désert :
« Crèpes Sucette »

À la lecture de ce menu frugal, je sentis mon trikini me rentrer dans le bourrelet fessier et Larousse se retourner dans sa tombe… avec le Petit Robert ! Les Drouange, eux, eurent une légère petite nausée, mes trois gaillards, en revanche, se léchèrent les babines.

Les Kutz étaient des fans absolus d'*Un dîner presque parfait* et de toutes les émissions culinaires du PAF. Ils adoraient la compétition et avaient mis le paquet pour que nous les sacrions, dès ce soir-là, « Master Chef » de la côte bretonne.

La table était décorée sur le thème de la mer : ils avaient disposé leurs serviettes de plage en guise de nappe, c'était très original… Aucun détail n'était oublié dans cette déco de table : le sable, le varech et les coquillages… tout y était !

Monsieur Kutz nous servit en marinière, Madame Kutz en bigouden avec une coiffe à cornette typique. Elle l'avait trouvée dans un vide-grenier du Finistère Nord…

Le repas breton s'avéra être légèrement teinté de saveurs alsaciennes, la « choucrute de la mère », par exemple, était à étage : le premier composé de trois poissons différents et de quelques moules comme il se doit ;

le second de choucroute légèrement croquante (« crute » donc), le troisième étage, en sous-sol, permettait aux convives de faire des petites réserves pour l'hiver : deux saucisses de Strasbourg et un bon morceau de lard se cachaient sous la « choucrute » !

Après cette entrée légère et court vêtue, je serais bien allée me coucher avec un citrate de bétaïne, mais c'eût été faire offense à Madame Kutz qui s'échauffait en cuisine avec ses « pijonot » du Mont-Saint-Michel… Il faut avouer que la cuisine de la maison de Chantal ressemblait plus aux toilettes du TGV qu'à un piano de grand chef… Et que cuisiner avec une coiffe bretonne à cornette et une robe folklorique dans une cuisine de 3 m^2 provoquait inévitablement quelques dégâts matériels.

Monsieur Kutz faisait l'animation de la table des convives, ses chansons de marins en breton dans le texte n'arrivaient cependant pas à couvrir les bordées d'injures proférées par sa douce épouse en cuisine. Craignant que des oreilles chastes mais néanmoins décollées n'en profitent pour faire le plein de vocabulaire obscène, j'avais autorisé la jeune génération à quitter la table… jusqu'au prochain plat…

Quand Mam Kutz réapparut avec ses pigeonneaux servis à l'assiette, elle était écarlate et débraillée, sa coiffe lui tombait sur le nez et son petit tablier en dentelle était maculé de graisse noire, ce qui lui donnait un petit côté bigouden mazoutée. Nous crûmes percevoir dans son regard et son attitude que ce moment de partage culinaire dans la joie des papilles et l'abondance des saveurs commençait sérieusement à lui briser les noix… de pécan qui décoraient les assiettes.

Les pigeonneaux du Mont-Saint-Michel devaient être élevés au grain, nourris sous la mer, et piqués à l'EPO tant leur taille était comparable à celle des goélands qui m'avaient attaquée dans la semaine… Je m'attendis presque à retrouver un bout de la saucisse de mon hot-dog dans les entrailles du bestiau mais non… il y avait beaucoup de sable, quelques plombs de carabine mais de knacky point.

Après cette expérience gastronomique hors du commun, personne ne put honorer les crêpes sucettes, à part les Kutz bien sûr qui avaient encore un petit boyau de vide... Afin de mettre un point final à ce dîner 100 % triglycérides, je leur portai un toast avec mon verre de citrate de bétaïne et je réussis à prendre congé… après avoir aidé la bigouden mazoutée à débarrasser la table et à karchériser la cuisine.

Ma nuit fut agitée… l'esprit du pigeonneau vint me hanter jusqu'à 3 heures du matin et celui de la « choucrute » prit le relais jusqu'à 8 heures. Les garçons n'étaient pas très frais non plus au petit déj', il faisait gris dehors, le vent soufflait, une petite journée « Toussaint au mois d'août » nous attendait, ce qui n'était pas si mal pour parvenir à remettre nos entrailles dans le sens de la marche…

Au matin du treizième jour, l'avant-veille de notre départ, c'est un soleil resplendissant qui nous sortit du lit à 9 heures. En ouvrant les volets, le miracle de l'été s'était accompli pendant la nuit pour nous offrir un spectacle éblouissant : pas un nuage dans le ciel, une température de l'air avoisinant les 22 degrés, la première vraie journée d'été breton dont nous allions profiter au maximum.

Afin d'éviter une nouvelle attaque de goélands, l'idée du pique-nique sur la plage fut très vite abandonnée et décision fut prise d'aller déjeuner sur une terrasse près de la plage à l'abri des horribles bestioles à bec orange. Il nous restait deux jours pour bronzer, la météo s'annonçait fabuleuse, j'enfilai mon trikini les yeux fermés, les garçons leur short et nous colonisâmes la plage dès 11 heures du matin.

À la réflexion, j'aurais dû prendre plus de temps à la maison pour enfiler mon trikini et surtout éviter de le faire les yeux fermés : cette fois-ci le bas était en haut et le haut en bas, je fus donc obligée d'exécuter sur la plage et sous ma serviette Winnie l'ourson un nouveau numéro de contorsionniste que même les artistes du plus grand cabaret du monde de Pékin n'auraient pas su reproduire. Et ça n'est qu'une fois « trikinisée » que je m'aperçus qu'il eût été bien plus intelligent de se tartiner de crème protectrice avant l'enfilage du trikini, plutôt qu'après… Je me crémai donc au petit bonheur la chance en tentant de bien viser afin de ne pas beurrer le trikini plutôt que ma peau.

Pour la première fois du séjour, j'allais enfin pouvoir me baigner et offrir mon corps au plancton breton réputé si tonifiant. J'appris après le premier bain que le plancton n'est pas le seul vecteur de tonification : la température de l'eau contribue également au raffermissement général de la silhouette. On y rentre mous, on en ressort tendus comme la peau des fesses de Jennifer Lopez... un vrai miracle ! Ajoutez à ça une petite brise glaciale qui vous caresse le corps durant la remontée de la plage à marée basse jusqu'à la serviette Winnie l'ourson, et vous vous retrouvez avec le corps d'Angelina Jolie à l'arrivée, alors que vous étiez plutôt partie avec celui de Valérie Damidot au départ… Vive la Bretagne et son plancton !

L'autre avantage de la plage en Bretagne c'est que, même allongée sur une serviette en plein soleil, on ne souffre absolument pas de la chaleur ! On peut ainsi passer des heures et des heures à faire la crêpe pour peaufiner son bronzage sans que la moindre goutte de sueur vous dégouline dans le nombril… C'est comme si le soleil était dans le ciel et qu'il ne chauffait pas… Ça n'est qu'une impression car, où qu'il soit, le soleil donne la même couleur aux gens… gentiment… ou pas…

Sur le coup de 14 h 30, mes trois mollusques ayant passé quasi deux heures dans l'eau me firent presque peur… Leurs lèvres étaient violettes et j'eus l'impression qu'ils avaient perdu dix kilos chacun en une matinée. Il était temps d'aller casser une petite croûte…

Dix galettes et douze crêpes plus tard, mes lascars avaient retrouvé forme humaine et ils repartirent à la chasse aux poissons-chats dans les rochers. Je m'assis sur ma serviette pour les observer, ils avaient grandi… leurs jeux de plage n'étaient plus les mêmes, je n'avais plus besoin de me démonter le dos pour leur construire des châteaux de sable, ils s'occupaient désormais sans moi… je serais bientôt vieille… je ne servirais bientôt plus qu'à donner un petit billet de temps en temps et à faire un bon repas un dimanche sur deux… puis sur trois… puis tous les six mois… Puis viendrait le temps ou ils m'appelleraient le samedi soir pour garder un bébé, histoire de laisser souffler le jeune couple… J'étais perdue dans mes pensées mélancoliques, aidée par les cris des enfants et les bruits de la plage, lorsqu'un jeune couple débarqua et déploya ses serviettes à deux mètres des miennes. Il n'y avait plus beaucoup de place, le soleil aidant, la plage était bondée. Mon regard s'attarda sur eux, j'imaginais Paul et sa fiancée dans quelques années… Ils trifouillaient dans leur sac à dos en riant, insouciants, ils en sortirent un gros sandwich dans un papier d'aluminium que le jeune homme s'apprêtait à dévorer sous les yeux admiratifs de sa dulcinée.

Le soleil se cacha pour la première fois de la journée, je levai la tête pour jauger la taille du nuage, et ce que je vis me glaça le sang : une armada de goélands tournoyait au-dessus de nous. Ils avaient repéré le sandwich et s'apprêtaient à faire un piqué sur le jeune couple… Quitte à me brûler les yeux et à me déplacer les cervicales, je ne lâchai pas le troupeau de goélands du regard. Quand le chef d'escadrille se mit à piquer en direction du sandwich, je me levai d'un bon et sautai sur le pauvre jeune homme affamé afin de le protéger de la sale bestiole au bec orange… qui, devant tant de hardiesse, rebroussa chemin.

Les minutes qui suivirent furent plus délicates à gérer… je me retrouvai effectivement à califourchon sur ce jeune homme, en trikini, et en présence de sa fiancée sur une plage bondée… Il s'avérait également que j'étais la seule, sur cette plage bondée, à avoir observé cette meute de goélands aux abois dans le ciel, ayant moi-même été une de leurs victimes dans un passé récent…

Le jeune homme était visiblement en état de choc, sa fiancée aussi et ils ne semblaient pas du tout réceptifs à mes explications… et encore moins lorsqu'une femme qui avait observé la scène hurla depuis la digue :

— C'est une folle ! je serais vous, j'irais porter plainte… j'ai tout vu… je peux témoigner : elle s'est jetée sur vous comme un vautour sur une charogne !

La métaphore était délicate… mais pas suffisamment pour calmer la colère de la fiancée du mangeur de sandwich qui me traita de vieille couguar perverse.

Lorsque le sergent-major de la police municipale me vit pousser la porte du hall d'accueil, il amorça un début de sourire moqueur. Et quand il aperçut dix personnes en tenue de plage débarquer en vociférant, il poussa un gros soupir en levant les yeux au ciel…

— Bonjour Monsieur, je viens d'être victime d'une odieuse agression sur la plage !

Le mangeur de sandwich avait pris une voix grave et un ton dramatique pour me dénoncer à la police…

— Ah je vois… encore un coup de la mouette enragée ! lança-t-il goguenard en me regardant du coin de l'œil.

— Ah bon… vous… vous… la connaissez… ? Ce n'est pas la première fois, alors ?

Je restai silencieuse et regardai mes tongues pour ne pas interférer dans le quiproquo qui était en train de tourner à mon avantage.

— Non, elle a déjà fait des victimes, ça fait pareutie des risques balnéaireu… En Breutagne, on n'est jamais à l'abri d'une mouette affamée quand on piqueu-niqueu sur la plage… ça fait pareutie du folklore…

Le jeune homme ne dit rien… Séché par cette argumentation régionaliste, il prit sa fiancée par la main, me regarda et me lança avant de partir :

— La prochaine fois, dites-le que vous êtes payée par l'office du tourisme pour faire l'animation !

Je pris discrètement congé à mon tour, sans relever cette dernière remarque… le surnom de « mouette enragée » me fut attribué par ma marmaille jusqu'à la fin des vacances.

Il était temps d'ailleurs que cette colocation prenne fin : les Kutz étaient au bord du divorce à cause du dîner presque raté de Madame Kutz qui avait profondément vexé Monsieur Kutz qui s'en était pris à ses Métaux hurlants qui eux-mêmes s'en étaient pris à leur mère qui, à bout de nerfs, avait menacé, devant tout le monde au petit déjeuner, de se trancher la gorge avec un pique à bigorneaux.

Les Drouange étaient également dans un piteux état : en voulant montrer à son mari comment passer du lotus au cobra sans passer par la case charrue, Madame Drouange s'était coincé les lombaires et marchait en angle droit, ce qui n'était pas de bon augure pour le voyage de retour en Coccinelle. Leur fille, pourtant si discrète et délicate, avait rendu dingues tous les surfers du coin qui venaient lui jeter des cailloux dans ses volets toutes les nuits. Mais les surfers visaient très mal… et c'était moi qu'ils réveillaient.

Quant à nous… nous passions nos journées à nous tartiner de Biafine pour tenter de calmer les agressions du soleil breton qui, contrairement à ce qu'on pouvait penser, laissait des traces énormes et quasi indélébiles de son passage furtif. Mes ados rougissants commençaient à muer comme des serpents à sang chaud. En ce qui me concernait, une fois mon trikini retiré, la ressemblance avec une espèce rare de tortue des Galapagos, en voie de disparition, était flagrante… À nous quatre, le WWF se serait régalé…

Yann, le frère de Chantal, qui venait récupérer les clefs de la maison de sa sœur le jour de notre départ, se délecta d'ailleurs de notre bronzage atypique… Je crus tout d'abord qu'il s'amusait de mon teint écaillé, mais la douceur de son sourire à mon égard traduisait indéniablement une attirance certaine pour ma carrosserie de miss monde… Attirance réciproque je dois l'avouer… Malheureusement les vacances étaient terminées et les amours d'été débutantes n'eurent pas le temps de débuter… comme d'habitude !

J'allais retrouver mon appartement en banlieue, ma vue sur le monument aux morts, mes particules fines, mon open-space, mon faux Flitchowsky, mon vrai JTK, ma Nadège siliconée, mon jeu de télé-réalité… et… et… Jessica si elle était encore en vie car je n'avais eu aucune nouvelle de sa dompteuse depuis notre départ…

9

Septembre : c'est le premier mois en brrr… ça veut tout dire !

— Bon mes petits affreux… j'y vais… je suis en retard… vous préparez bien vos affaires pour la rentrée de demain… et… et Jessica, je te laisse gérer le ménage, les courses et les repas d'accord ?

Il y a encore un mois, cette dernière phrase n'aurait jamais pu sortir de ma bouche mais ce matin-là, elle coula comme du chocolat fondu sur une poire belle Hélène. En trois semaines, la sœur de Flitch avait totalement métamorphosé Jessica qui était devenue une adorable jeune fille drôle, serviable, attentionnée : une petite boule d'empathie… avec une couche de fond de teint par-dessus !

Je ne sus jamais vraiment ce qui s'était passé durant ces quinze jours de « summer camp » avec le fils de l'animateur télé. Jessica ne portant aucune trace de maltraitance, j'en conclus que la méthode utilisée devait relever du psychique… bien qu'à ma connaissance Jessica n'était pas très gâtée de ce côté-là !

J'appris peu de temps après par Flitch que la formule magique était plus ou moins calquée sur les entraînements des GI américains et aussi sur certaines pratiques testées sur les prisonniers de Guantanamo…

abandonnées depuis car fort peu compatibles avec la déclaration des droits de l'homme…

Quoi qu'il en soit, Jessica était devenue en quinze jours une tout autre personne, une jeune adulte sur laquelle je pouvais vraiment compter en cette rentrée pour le moins chargée et tempétueuse.

Parmi les nombreux concepts que nous avions élaborés en juillet avec Flitch, aucun n'avait pour l'instant retenu l'attention des directeurs de chaîne… aucun sauf un : le jeu de télé-réalité pondu en dernière minute juste avant mon départ. Plusieurs rendez-vous avaient déjà eu lieu avec des chaînes de la TNT mais nous n'avions toujours aucun retour de JTK… Pour être tout à fait franche, cette situation m'arrangeait : je ne voyais absolument pas comment j'aurai pu m'occuper de mettre sur pied un tel projet avec la tonne de questions que j'avais à rédiger pour les nouveaux jeux de la rentrée. En deux semaines, j'avais déjà perdu tout le bénéfice de mes vacances iodées, j'en arrivais presque à regretter mes séances de yoga sur la plage, même si parfois, entre deux questions, il m'arrivait de fermer les yeux pour visualiser mes orteils…

— Bon eh ben ma grande si t'avais prévu de te la couler douce jusqu'à Noël… c'est raté !

JTK venait de poser lourdement sa fesse gauche sur mon bureau. Il irradiait du même bonheur béat que le chasseur du dimanche quand il vient de lever un gros lièvre…

— Ayé c'est vendu, ma grande ! Il est fort ce Flitchowsky, quand même, je me suis pas trompé quand je l'ai embauché, celui-là… l'école des médias américains, y a que ça de vrai ! Ce type est visionnaire quand même… il devine ce que les gens veulent voir !

— Oui, enfin je l'ai un peu aidé à deviner tu sais…

— Oui, je sais, il m'a dit que tu l'avais bien assisté sur ce projet… c'est pour ça que vous allez le monter tous les deux.

Bien que reléguée au simple rôle d'assistante conceptrice, alors que j'en étais l'auteur principal, je me réjouissais néanmoins de monter ce genre de programme de A à Z avec Flitch… C'était un imposteur, certes, mais comme tous les imposteurs, il avait le culot qui me manquait… À nous deux nous ferions donc des merveilles et deviendrions bientôt la référence absolue en matière de concept. Nous n'avions pas parlé d'argent avec JTK mais j'étais fermement décidée à lui demander une prime exceptionnelle eu égard au travail supplémentaire que j'allais devoir assumer.

Le soir même, avant de rentrer à la maison, je m'arrêtai au Monop pour acheter une bouteille de champagne histoire de fêter ma future prime exceptionnelle et mon premier programme bientôt diffusé à la télé. En poussant la porte d'entrée de l'appartement, je m'aperçus avec ravissement que Jessica l'avait nettoyé de fond en comble : c'était Versailles ! Elle avait également préparé un délicieux dîner et m'avait fait couler un bain, les garçons avaient préparé leurs affaires pour la rentrée du lendemain, tout était calme, on se serait cru dans une famille de mormons : c'était presque trop… j'en étais gênée et je le lui dis.

— Je vous dois bien ça… après tout ce que vous

avez fait pour moi… je crois que Papa ne va pas me reconnaître !

Cette allusion à son père absent me rappela que Jessica allait bientôt retrouver son géniteur dont je n'avais pas eu de nouvelles depuis notre dernière correspondance. Je pris donc un bloc-notes dans la salle de bain pour m'enquérir de sa libération.

Un mois auparavant j'étais pressée de me débarrasser de cette abominable gamine, mais ce soir-là, le simple fait d'évoquer son départ me remplit d'un terrible vide. En balayant ma salle de bain du regard, je me rendais compte que je ne verrais bientôt plus ses produits de beauté sur mes étagères, ses vêtements dans le panier à linge sale, sa brosse à dents dans le verre à dents… j'en avais presque la larme à l'œil. Victor vint me sortir de ma sinistrose en hurlant derrière la porte :

— Maman y a ton portable qui sonne… ça fait trois fois… c'est JTK…

J'avais oublié que la vente du concept signifiait aussi et surtout que ma vie privée allait en prendre un grand coup dans l'aile.

— Oui… c'est moi… j'ai oublié de te dire un truc…

Le truc en question devait être : soit très long à raconter… soit très jouissif à annoncer… sinon JTK m'aurait envoyé un simple SMS pour m'en informer !

— Oui j'ai complètement oublié de te dire qu'on avait rendez-vous tous les trois avec la chaîne, demain matin à 11 heures, pour discuter du contenu, du budget de développement et du rétro-planning. Rendez-vous 9 heures dans mon bureau pour préparer la réu… fais-toi belle, ma grande !

C'était la pire nouvelle qu'on pouvait m'annoncer… pour être belle à 9 heures et le rester jusqu'à 11 heures, il fallait, au bas mot, que je me lève à 5 heures, n'étant pas très douée pour les grands rendez-vous vestimentaires. Je sentis l'angoisse monter dans ma gorge… je respirai donc un grand coup et m'enfonçai dans mon bain en apnée… J'ai souvent vu ça dans les films : des femmes émotionnellement au bout du rouleau qui coulent volontairement dans leur bain… les yeux ouverts de préférence… Si les réalisateurs tournent ces images, c'est sûrement pour illustrer une pensée profonde, du genre : quand on touche le fond de la piscine, on ne peut que remonter… ou le très célèbre « ce qui ne tue pas rend plus fort » de Nietzsche.

Au bout de vingt-sept secondes d'apnée, je n'étais toujours pas morte et pas plus forte pour autant, mais je commençai à en avoir marre de ne plus respirer. Je sortis donc la tête de l'eau et passai en revue les possibles tenues d'apparat que m'offrait ma garde-robe de pauvre couguar sur le retour. Elles étaient au nombre de trois…

1 : Total look « Veuve noire » : pantalon, veste et chemisier noirs. Avantages : une silhouette affinée, une élégante sobriété. Inconvénient : une apparence un peu psychorigide pour une conceptrice de divertissement télé.

2 : Total look « Punk Revival » : kilt écossais court, Doc Martens et Perfecto. Avantage : l'apparence

d'une femme libérée toujours très jeune dans sa tête. Inconvénient : peut-on confier la fabrication d'un programme télé visé par le CSA à une créature qui arbore un badge « No futur/Fuck la police » ?

3 : Total look « J'ai rien à me mettre » : pantalon noir, tee-shirt blanc, veste noire et Converse blanches. Avantage : le noir et le blanc c'est basique, ça plaît à tout le monde, c'est sportswear chic. Inconvénient : pas très féminine comme tenue pour un premier rendez-vous.

Épuisée par tant de réflexions de haute couture, j'enfilai ma tenue d'appartement ultra-confortable pour aller dîner : pantalon de jogging déformé et tee-shirt publicitaire XXL : « Leerdamer ou je fais un malheur » et me demandai si je n'allais pas finalement opter pour celle-ci… Heureusement, comme le disait sûrement Nietzsche aussi de temps en temps : « La nuit porte conseil… »

*

À 5 heures tapantes, mon réveil aux bruits de la nature me gratifia d'un cui-cui d'oiseaux de la forêt particulièrement strident, et j'aurais bien dégommé à la Kalachnikov cette bande de piafs. Cependant, par respect pour Alain Bougrain-Dubourg et Brigitte Bardot, je n'en fis rien, préférant me diriger fissa vers le lieu de mon ravalement de façade : ma salle de bain.

Quand je vis ma tête dans le miroir, je ne compris pas tout de suite ce que Régine faisait dans ma salle de bain… Une fois ma douche prise, fort heureusement

Régine était repartie chez elle, laissant place à sa petite sœur : la même en plus jeune !

Je n'avais pas le choix, il fallait que je mette le paquet, je cherchai donc dans mes tiroirs le produit miracle, acheté quelques mois auparavant chez Sephora : un masque défroissant repulpant, un tube rouge si je me souvenais bien… Depuis l'arrivée de Jessica, mes étagères s'étaient considérablement remplies de produits de beauté divers et variés… J'eus beaucoup de mal à retrouver ce tube rouge mais une fois dans ma main, je m'en tartinai le visage comme du Nutella sur une crêpe… Le masque picotait ma peau : c'était bon signe. Il était en pleine action de défroissage et de repulpation de mon épiderme… je serai éblouissante, les gens de la chaîne seraient sous le charme.

J'avais tout calculé pour être au top de ma magnificence à 7 h 30, de façon à être légèrement en avance au bureau pour un éventuel raccord post-transports en commun. Le masque posait pendant mon petit déjeuner, je repassai mon tee-shirt dans la foulée, et me laissai une bonne heure et demie pour le maquillage, le coiffage et l'habillage.

C'est à 6 h 15 que je sentis mes jambes se dérober sous moi. Ce que je vis dans la glace, après avoir retiré mon masque, était atroce et ruina tous mes espoirs… Je fondis en larmes devant ce spectacle désolant avant de me calmer pour ne pas faire gonfler mes yeux déjà bien entamés… Je pris le tube rouge et mes lunettes de presbyte et je compris que ce tube rouge n'était pas le mien. C'était celui de Jessica et il ne contenait pas un masque défroissant mais… mais de la crème dépilatoire… pour zone sensible, certes… mais dépilatoire quand même.

Le résultat était monstrueux : ma peau était nette, forcément, très rouge également, et mes sourcils… mes sourcils avaient totalement disparu… gommés… ce qui me donnait une tête de Barbapapa. Il avait suffi de vingt minutes pour que je me transforme en Barbamama qui aurait trop pris le soleil après une bonne cuite au vin rouge… Ou un tourteau… oui, j'avais aussi un petit côté tourteau après la cuisson.

Ne pas perdre la face… ne jamais perdre la face… C'est une phrase que je me répétais souvent quand je me retrouvais face à quelqu'un qui m'impressionnait… Mais cette fois-ci, la personne qui m'impressionnait c'était moi-même, enfin moi-même sans sourcils…

Les êtres humains ont un sens inné de la survie, je m'en aperçus en regardant mes mains prendre un crayon marron dans la trousse à maquillage de Jessica et dessiner des sourcils au-dessus de mes yeux. Elles firent la même chose avec un pot de fond de teint beige clair pour masquer les rougeurs et, à 7 h 30, j'étais prête à partir pour le rendez-vous de ma vie…

… mais j'oubliai ma trousse de maquillage pour ma retouche de 8 h 55 !

Pourvu que mes enfants, eux, n'oublient pas la leur, pleine de fournitures neuves pour la rentrée de 8 heures!

*

Comme chaque année, la première question des parents d'élèves le lendemain de la rentrée était :

« Pourquoi faut-il toujours que les listes de fournitures scolaires des enfants données au mois de juin par les profs ne coïncident jamais avec les listes de fournitures scolaires exigées par ces mêmes profs à la rentrée de septembre ? »

Éléments de réponses de parent d'élève après l'apéro de la rentrée :

1 : Parce que les profs changent d'avis pendant les vacances…

2 : Parce que pendant les vacances, les profs ont perdu la liste qu'ils avaient donnée en juin et qu'ils en bidouillent une autre rapidement sur une aire d'autoroute l'avant-veille de la rentrée…

3 : Parce qu'il y a, en juillet, une sorte de mercato des profs, comme au foot : celui qui était sous contrat Clairefontaine passe sous contrat Oxford, ceux qui étaient Maped passent Reynolds, et ceux qui étaient Bic passent Pilot… ce qui fait qu'en septembre la demande n'est plus du tout la même !

À la lecture des trois nouvelles listes de mes adorables bambins semi-acnéiques, je sentis la migraine m'assaillir le lobe frontal droit (pour changer). J'avais acheté des règles en plastique un peu molles et incassables pour les trois, mais pour Victor et Émile, il était désormais spécifié sur la nouvelle liste : double décimètre dur, incassable, ininflammable, indestructible, mais pas en fer ! Ne voyant pas à quel matériau pouvait correspondre cette description, à part le fuselage de la navette spatiale Atlantis, je m'apprêtais à appeler les ingénieurs de la Nasa pour voir ce qu'ils avaient en stock…

Je me mis également en orbite dans toute la région, les deux week-ends qui suivirent la rentrée, pour trouver les crayons à papier demandés par les profs de Paul : 2H, 3B, HB, HB2, HB5… je découvris avec stupéfaction qu'il existait désormais une multitude de crayons à papier… comme pour le Coca… : light, sans caféine, zéro, lemon, light lemon sans caféine… mais nettement moins bien distribués dans les rayons des supermarchés.

Le mois de septembre était un mois qui, pour toutes ces raisons, passait généralement très vite. Pourtant cette année, bien que débordée au boulot et à la maison, je trouvais curieusement qu'il n'en finissait pas…

*

On ne le sait pas toujours : les sourcils mettent très longtemps à repousser… Depuis le fameux jour de ma réunion au sommet, deux semaines s'étaient écoulées et à part une légère barbe de trois jours en circonflexe au-dessus de mes yeux, je ne voyais rien venir… En revanche, l'horrible souvenir de ce grand moment de solitude ce matin-là dans les locaux d'M6 venait régulièrement me hanter.

Nous venions de présenter le concept dans ses moindres détails à la chaîne, j'avais exposé les différentes épreuves qui seraient infligées aux familles colocataires, la chaîne était ravie… Puis les questions budgétaires furent abordées. Le budget de fonctionnement pour douze épisodes s'avérait être ridicule pour nous permettre de développer sereinement ce genre de programme et nos rêves de tourner dans une grande bastide du Sud de la France ou de Corse s'envolèrent… Je me triturai toutefois les méninges pour tenter de trouver une solution acceptable pour tout le monde, et me grattai la tête, le front, me pinçai les arcades comme à mon habitude pour m'aider à faire jaillir l'intelligence de mon cerveau… Quand je relevai la tête pour enfin proposer ma solution de repli, je crus lire de l'épouvante dans le regard de JTK. J'en lus d'ailleurs dans le regard de tous les membres présents à cette réunion : directeur du divertissement, directeur des émissions de flux, directrice de la télé-réalité, directeur de la programmation, du marketing, des produits dérivés… Tous oscillaient entre peur, dégoût et pitié. Je compris pourquoi en allant aux toilettes à la fin de la réunion… mon visage était maculé de taches noires, on aurait dit un soldat de l'ONU après trois semaines de combats dans les montagnes d'Afghanistan. Le crayon ayant bavé, il ne restait bien sûr plus rien sur mes sourcils, ce qui donnait un drôle de genre au soldat de l'ONU…

La chaîne ne m'en tint toutefois pas rigueur, il fallut juste que je supporte le surnom de G.I. JOE pendant quelque temps, car toutes nos propositions furent acceptées, du moment que nous trouvions une maison suffisamment grande et suffisamment gratuite pour accueillir trois familles et une équipe de tournage pendant trois mois… une bagatelle !

*

À la maison, l'aide de Jessica m'était précieuse. Comme elle redoublait sa Troisième pour la seconde fois, elle n'avait aucun stress et gérait le mien avec une bienveillance absolue… Il fallait néanmoins que je me préoccupe de son père, sa sortie était prévue pour septembre mais je n'avais pas de date… Sa mère était visiblement devenue amnésique au point d'en oublier qu'elle avait une fille, je l'avais donc rayée de la liste des personnes à contacter. Je m'apprêtais ce soir-là à téléphoner à la tante de Jessica pour venir aux nouvelles quand on sonna à l'Interphone… C'était lui… le géniteur de l'horrible créature devenue si douce, il avait été libéré le matin même et venait retrouver sa fille.

Paul, Émile, Victor et moi ne voulions pas les gêner dans leurs retrouvailles, je proposai donc au père et à la fille de profiter de l'appartement pour renouer les liens et j'emmenai ma marmaille au Buffalo Grill de la zone industrielle… le seul restaurant dont ils ressortaient sans me dire qu'ils avaient encore faim et dont je ressortais sans me dire que je venais de dépenser un quart de mon salaire dans un seul repas. Le Buffalo Grill étant en travaux, nous dûmes nous rabattre sur un resto de ville beaucoup plus onéreux mais néanmoins très copieux : un genre de resto familial qui proposait des spécialités régionales de toutes les régions de France et d'ailleurs aussi…

Victor était le plus petit mais aussi le plus vorace, il avait toutefois de très bonnes notions d'équilibre alimentaire et faisait toujours très attention à ne pas être en dessous des cinq fruits et légumes par jour… Ce soir-là, il devait déjà avoir mangé tous ses fruits et légumes au petit déj' et au déjeuner, son menu étant particulièrement riche en farine et féculents : quiche lorraine en entrée, paella, et gâteau basque en dessert. Les deux autres optèrent également pour un menu riche et compact, et comme depuis quelque temps ils ne m'appelaient plus « Mètre Cube », je me lâchai moi aussi avec une bonne brandade de morue, suivie d'un Pasticcu en dessert, spécialité corse qui m'avait l'air fort appétissante dans l'assiette du monsieur de la table d'à côté…

On n'avait plus mangé aussi riche depuis le dîner presque raté des Kutz en Bretagne… mais il nous fallait bien un petit remontant pour nous remettre d'aplomb après cette rentrée exténuante. Le dessert était de trop, je le savais, cependant la texture de ce Pasticcu m'intriguait… j'en demandai donc la composition à la serveuse qui était aussi la patronne.

— Alors y a… des œufs… au moins huit, de la semoule cuite dans du lait, beaucoup de sucre, des zests de citron et du caramel… vous allez m'en dire des nouvelles !

J'aurais bien aimé pouvoir lui en dire des nouvelles mais mes dents du fond restèrent collées par le caramel… Le Pasticcu est un dessert délicieux mais il est préférable de ne pas avoir mangé pendant huit jours avant de le déguster pour en apprécier vraiment le goût et la texture.

Après une brandade de morue, la deuxième cuillère de Pasticcu peut faire d'énormes ravages dans les intérieurs. Personnellement, j'eus l'impression que, lorsque la troisième bouchée atteignit mon estomac, elle entraîna tous les viscères vers le bas et que j'allais être victime d'une descente d'organes au moment de l'addition… Sinon c'était très bon ! Nous rentrâmes chez nous, la peau du ventre bien tendue…

En pénétrant dans l'appartement, ma gorge se serra et je faillis verser ma petite larme. Les sacs de Jessica étaient posés dans l'entrée, le père et la fille étaient tout sourires, Jean-Jacques et Jessica Mimbert avaient décidé de rattraper le temps perdu et de recomposer à eux deux une vraie famille… la scène était touchante, mes garçons s'éclipsèrent dans leur chambre pour ne pas montrer leur émotion.

— Madame Guillon… je… je ne sais pas comment vous remercier de tout ce que vous avez fait pour ma fille, je crois que je n'ai jamais été aussi heureux de ma vie… quelle journée… mon Dieu… quelle journée.

Il irradiait de bonheur et sa fille le dévorait des yeux… C'était bien loin de l'image que je m'étais faite de cette famille en voie de décomposition… J'étais contente pour eux, la vie est triste sans famille.

— Nous allons vous laisser, on va rentrer chez nous, j'ai loué un bel appartement… on va être bien maintenant tous les deux… Tu vas voir, ma poupée, on va rattraper le temps perdu…

Visiblement, la justice n'était pas parvenue à mettre la main sur la totalité du magot détourné par le père de Jessica : il lui en restait suffisamment sous le pied pour louer un 100 m² dans le 7e arrondissement de Paris… ce qui était finalement une bonne chose, mon appartement de banlieue arrivait à saturation…

— Je vous appelle dans la semaine pour que nous discutions de certaines modalités… Je vous remercie pour tout… et n'hésitez pas si vous avez besoin de quoi que ce soit… je suis là maintenant… je vous dois quelque chose… et je n'aime pas avoir des dettes.

Il avait dit ça avec un ton légèrement mafieux qui ne m'inspira pas tout à fait confiance, mais je pouvais comprendre qu'on ne se débarrasse pas du phrasé de la prison aussi facilement. Et puis connaître quelqu'un qui avait désormais quelques amis dans le milieu pouvait toujours servir : on n'est jamais à l'abri d'un problème de voisinage… Après les embrassades avec les garçons, Jessica me serra très fort pour me dire au revoir et susurra au passage un petit mot dans mon oreille gauche :

— J'aurais bien aimé vous avoir comme mère…

Je ne sus pas quoi répondre… de peur d'une mauvaise interprétation de sa part… si j'avais dit : « moi aussi… », qui sait ? Elle aurait peut-être planté son père pour rester chez moi. Je ne voulais pas prendre ce risque après tout ce que j'avais vécu avec cette jeune fille qui, malgré sa récente mutation en petit ange croisé fée du logis, avait quand même été un sacré démon croisé rottweiler... Je n'oubliais pas qu'elle avait voulu transformer mon fils de treize ans en père de famille accompli et qu'elle avait exigé de lui qu'il se fasse un piercing sur la langue ! Celle qui oserait faire des trous dans un de mes bébés n'était pas encore née, elle le savait désormais.

Le vide laissé par Jessica la première semaine se remplit très vite, mes ados croisés mollusques ayant repris assez rapidement leurs habitudes bordéliques, et mon emploi du temps de mère célibataire en charge d'un programme de télé-réalité ne me permettant plus d'endosser le rôle d'aide ménagère… même à temps partiel.

Le jour où JTK m'annonça que la chaîne exigeait notre présence en continu sur le tournage du programme télé dont nous étions les concepteurs fut également le jour où mes enfants m'annoncèrent au téléphone qu'ils n'avaient plus rien de propre à se mettre… que le frigo était vide… et que le lave-vaisselle était tombé en panne… N'ayant trouvé dans les tiroirs de mon bureau aucun objet suffisamment contondant pour me faire hara-kiri sur mon lieu de travail, je dus me résoudre, la mort dans l'âme, à solliciter ma tante Jacqueline qui me proposait son aide à chaque réveillon de Noël. Ancienne prof de gym à la retraite, résidente du vieux port à Marseille, adepte du petit jaune et de la pétanque, catholique pratiquante et proche de certains fondateurs historiques du club des Hell's Angels, antenne Bouches-du-Rhône, ma tante Jacqueline était une originale, certes, mais elle savait se montrer très responsable avec les enfants et très organisée avec le linge, ce qui lui conférait quelques qualités indéniables à ce moment précis de mon existence.

Elle débarqua avec armes et bagages, le 30 septembre un vendredi, soit quatre jours avant le début du tournage… Dès le samedi matin, j'eus très mal à la tête et vraiment hâte d'être à lundi…

10

Octobre : c'est le deuxième mois en brrrr… et en plus les feuilles tombent massivement !

Le tournage avait débuté avec quatre jours de retard, l'équipe de la « production exécutive » ayant eu plus de mal que prévu à trouver une villa en bord de mer apte à recevoir une bande de colocataires déjantés et une équipe de tournage, dans le budget qui lui était imparti. Nous avions privilégié la côte normande peu onéreuse et proche de Paris et avions enfin obtenu l'accord d'un propriétaire le mercredi. Nous partîmes donc avec les trois familles de colocataires préalablement sélectionnées le vendredi pour caler les premières séquences… Tata Jacqueline veillait sur mes enfants et sur le tambour de mon lave-linge, je pouvais enfin travailler sereinement.

« Hey Mec ! S Keu tu conné un tatouman sur Panam ? »

Ce SMS de Paul, arrivé en fin de journée, ne m'était visiblement pas destiné… je n'en compris d'ailleurs pas un seul mot et j'avais bien d'autres choses à faire que de lui répondre : les familles de colocataires sélectionnées pour leur fantaisie, leurs différences, et surtout pour leur cruel manque de tolérance, commençaient déjà à se crêper le chignon au maquillage… le tournage promettait d'être chaud. Il allait durer trois mois mais je prévins déjà JTK qu'il serait plus intelligent de faire des permanences, la présence de nos trois cerveaux en ébullition n'étant pas indispensable sur un jeu de téléréalité.

Quoi qu'il en soit, la mise en route étant quelque peu besogneuse, et les candidats plus décérébrés que prévu, il était tout à fait nécessaire que nous soyons présents pour éviter que le programme ne dégénère en génocide télévisé… La chaîne nous avait également demandé de trouver un nom au programme depuis trois semaines. Nous allions donc profiter de cette promiscuité normande pour nous lancer dans cette délicate mission créative.

— Le calvados est fabriqué avec de la pomme… et la pomme une fois distillée… ça donne du chou !

Telle fut la conclusion de notre premier et dernier brainstorming : après quatre heures passées dans un resto de Honfleur, nous avions été initiés aux joies du « café-calva », une spécialité locale qui met très vite les neurones en ébullition avant de les faire fondre. La liste des noms pour notre programme était longue comme la déclaration des droits de l'homme, cependant vu notre état d'éthylisme avancé, je proposai, dans un dernier éclair de lucidité, de relire la liste le lendemain matin à tête reposée avant de l'envoyer à la chaîne. Cette idée fut la meilleure que j'aie eue depuis des années…

« La Coloc de la mort », « Ils sont cons ces Colocs », « La French Colocation », « Colok Colok », « Mes colocs et moi », « Coloc en vacances », « Les vacances qui tuent », « L'enfer c'est les autres », « CocoricocoloK ! », « Souviens-toi, l'automne dernier… », « Coloc et Calvados », « CaféColoc », « Mes colocataires sont des garces », « Pan dans les dents », « Une coloc presque parfaite », « Qui veut gagner les enfants de mes colocs ? », « Faites entrer les Colocs », « Secret Colok », « La grande Colok », « La coloc MDR »… etc (… et des pires…).

Le lendemain matin, à la lecture de ce concentré de jus de cerveau, il était indéniable qu'à nous trois nous allions révolutionner le monde de la pub après avoir torpillé celui de la télé. Je pris la décision de ne garder que dix titres. La chaîne n'en retint qu'un à l'unanimité, celui que nous avions trouvé au cinquième café-calva : « CocoricocoloK ! » Le principe de la présence d'un coq dans le jardin de la villa fut également adopté afin de ruiner toutes tentatives de grasses matinées des colocataires. Ce programme qui se voulait bon enfant au départ était en train de virer méchamment trash…

Après les cinq premiers jours de tournage, la chaîne était rassurée par notre capacité à répondre rapidement aux exigences créatives et conceptuelles de la production… Je ne fus plus obligée de passer mes semaines et mes week-ends sur la côte normande car nous avions décidé de faire des roulements avec Flitch de façon à souffler un peu… En arrivant ce soir-là à la maison, je compris que l'expression « souffler un peu » n'était absolument pas raccord avec la réalité.

Quand j'avais annoncé mon retour imminent à mes enfants par SMS, je n'avais pas eu la réponse imminente correspondante… J'avais attendu quatre heures environ avant de recevoir un message d'Émile :

— Déjà ? Tu crois qui vont pouvoir se débrouiller sans toi là-bas ?

Moi qui pensais qu'ils allaient sauter de joie et fêter mon retour au champagne, j'étais loin du compte… moi qui pensais me reposer, j'étais loin du compte également…

— Ah, salut M'man ! Dis… on avait prévu un truc ici ce soir avec des copains… ça te dérange pas ?

Je croyais que la vie s'arrêtait quand je n'étais pas là et que le quotidien version tata Jacqueline serait tellement rébarbatif qu'ils m'accueilleraient comme le Messie. Mais non… ils profitaient de mon absence et de la crédulité d'une vieille dame pour organiser des soirées entre potes dans mon salon le samedi soir. Et comme depuis l'arrivée de tata Jacqueline, je dormais dans le clic-clac du salon, je remis ma tentative d'approche expérimentale du sommeil paradoxal à dans une autre vie…

Les « potes » débarquèrent aux environs de 22 h 30, ce qui nous laissa quand même le temps de dîner tranquillement en famille pour échanger sur la semaine qui venait de s'écouler. Les résultats scolaires n'étaient pas franchement glorieux mais l'ambiance était bonne et la maison parfaitement tenue par tante Jacqueline que les garçons adoraient… Et pour cause ! À 23 heures, la table du salon s'était transformée en table de poker et cinq joueurs commencèrent à bluffer, carte en main, à tour de rôle, avec mes trois lascars et la tante Jacqueline… Tous avaient plus de trente ans, tous étaient tatoués et tous disaient : « Ma Poulette » quand ils s'adressaient à ma tata Jacqueline…

Si j'avais mis tout le monde dehors et hurlé sur tata Jacqueline pour dépravation de mineurs, je serais inévitablement passée pour la rabat-joie de service, la casseuse d'ambiance, celle qu'on souhaite voir repartir au boulot le plus tôt possible. Je restai donc silencieuse sur mon canapé à faire des Sudoku tout en observant les joueurs.

Quand j'étais ado et que mes parents élevaient la voix pour mettre des limites, je les traitais de tous les noms intérieurement même si je savais que leur décision était… enfin que c'était une décision… Aujourd'hui, quand on est parents, on n'élève plus la voix de peur que nos ados nous traitent de tous les noms intérieurement… Mais nos ados finissent toujours par nous traiter de tous les noms un jour ou l'autre, intérieurement ou pas, parce qu'on n'a pas assez ou trop élevé la voix… alors…

Oh et pis zut, ils iront chez le psy comme tout le monde… Je n'avais pas du tout envie d'élever la voix, même si je tombais de sommeil et que je n'étais plus chez moi. Tata Jacqueline avait l'air si heureuse d'avoir trouvé des partenaires… Ses yeux pétillaient de malice derrière ses lunettes… Les regards qu'elle jetait par intermittence sur mes trois lascars étaient bienveillants et complices… Je la trouvais pas mal conservée pour ses soixante-neuf ans et quand elle retira son gilet, je m'aperçus que, malgré un léger embonpoint abdominal et une poitrine opulente, elle continuait de porter des débardeurs assez sexy… et que… oh mon Dieu… Il fallait que je me lève pour voir ça de près…

« I… got…

I got… you… under…

… my skin… »

En retirant son gilet, le débardeur de tante Jacqueline était remonté sur son bourrelet et avait dévoilé un… un tatouage dans le creux de ses reins… une phrase en anglais qui voulait dire si je traduisais bien : « je t'ai dans la peau »… Le mythe de tata Jacqueline, célibataire endurcie, vieille fille jusqu'au bout des ongles, et grenouille de bénitier patentée, venait de tomber… j'étais à deux doigts d'appeler mon psy pour reprendre une thérapie intensive…

Lorsque Tata me présenta Polo, son amoureux, à la fin de la partie, je restai sans voix… ce qui était peut-être mieux finalement.

Polo et Tata allaient dormir ensemble dans mon lit… je ne dormirais pas de la nuit dans mon clic-clac…

Et je repris la route de la Normandie dès le lundi matin pour remplacer Flitch que je trouvai épuisé par les enfants des colocataires qui avaient décidé de saboter le tournage à grands coups de boules puantes. En préparant les séquences avec l'équipe de production, je fus victime d'une grosse montée d'angoisse... Je ne savais plus où j'habitais, je ne savais même plus s'il y avait une place pour moi dans ce bas monde, et si quelqu'un pensait à moi quelque part quand mon portable croassa, signe qu'un SMS venait d'arriver.

« Madame Guillon… c'est un miracle… Jessica a décidé de se laisser reboucher les piercings !… »

Ce SMS du père de Jessica me prouva que quelqu'un pensait à moi quelque part : un escroc fraîchement libéré de prison… Ce « Madame Guillon » en ouverture de SMS me ramena à une autre réalité : nous étions en septembre et je n'avais plus que trois mois pour ne pas redevenir Capucine Poute. Il me fallait redoubler d'ardeur sur le front du mariage blanc avec un Guillon ou toute autre solution approchante… Une fois la séquence « étendre le linge de ses colocataires » dans la boîte, je pris donc un peu de temps pour réfléchir à mon avenir « Pouteux » et m'empressai de répondre au père de Jessica :

« Génial ! Ai réfléchi à votre "dette"… auriez-vous un "Guillon" célibataire parmi vos connaissances ? ça serait miraculeux et en plus on serait quittes… »

Je n'eus pas le temps de remettre mon portable dans mon sac qu'il se mettait à sonner… c'était lui :

— Excusez-moi de vous déranger mais je n'ai pas très bien compris votre dernier SMS…

Je m'enfermai dans la salle de bain de la villa au 2e étage pour lui raconter toute l'histoire depuis la réception de la lettre de l'avocat de mon premier ex-mari jusqu'à la solution trouvée par Émile de tenter un remariage blanc pour rester Guillon et éviter de redevenir Poute jusqu'à la fin de mes jours…

— C'est vrai que Poute… c'est pas… c'est… disons que c'est moins passe-partout que Guillon…

Il avait tout compris… bien qu'escroc repenti, cet homme n'en était pas moins perspicace…

— Et puis l'avantage avec un mariage blanc c'est que vous serez ni Poute ni soumise… ah ah ah…

Je rajouterai… que bien qu'escroc repenti et perspicace, cet homme possédait un esprit d'à-propos et un sens de l'humour hors du commun… qui ne faisait rire que lui. J'en arrivais à me demander si j'avais eu une bonne idée de le solliciter pour cette problématique si personnelle… et saugrenue je dois l'avouer.

— Écoutez… je ne connais pas de Guillon bon à marier personnellement… mais je vais en parler autour de moi, j'ai un bon réseau, vous savez !

Les escrocs financiers ont toujours de bons réseaux sinon ils ne pourraient escroquer personne, et les réseaux des escrocs financiers, même libérés pour bonne conduite, sont souvent restés du côté obscur du parloir. Ma vie était-elle en train de partir en vrac ? Je monopolisai la salle de bain de la villa des CocoricocoloK pour procéder à une introspection salutaire au-dessus du lavabo.

J'avais quarante-trois ans… et plus pour longtemps. J'étais célibataire… depuis et pour longtemps. J'étais mère de trois adolescents au physique ingrat mais qui étaient des beautés à mes yeux eu égard à l'amour que je leur portais… Pourtant, je les avais abandonnés entre les mains d'une tante éloignée aux mœurs douteuses qui avait décidé de transformer mon appartement en tripot. Tout ça pour quoi ? Pour participer, si ça se trouve à titre gracieux, à l'élaboration d'un programme de télé-réalité minable, dont j'étais l'auteur, qui mettait en scène et en lumière trois familles de cinglés censés s'étriper sur un lieu de villégiature commun… en Normandie. Pendant ce temps-là, un ex-tôlard faisait bosser son réseau pour que je puisse faire un mariage blanc avant la fin de l'année afin de garder le nom tout à fait ordinaire de Guillon qui était le mien depuis vingt ans, et ne pas récupérer le ridicule patronyme de Poute… On se serait cru dans *Plus belle la vie*… en beaucoup plus moche, évidemment !

Cette petite pause sur un coin de baignoire face à la glace me fit le plus grand bien : comme à mon habitude, j'eus très envie de me pendre au rideau de douche mais je n'en fis rien. Une petite giclette d'eau sur le visage, une grande bouffée d'air… un petit essuyage de rimmel sur la joue et la vie reprit le dessus… : on frappa violemment à la porte.

— Heu on va tourner la séquence du dégât des eaux… il faudrait libérer la salle de bain, s'il vous plaît !

« Dégât des eaux chez les CocoricocoloK », avec ça l'audience était assurée en première partie de soirée… J'appelai JTK pour connaître le montant de ma prime… il ne répondit pas… Il était 21 heures et il fallait que je tienne jusqu'à minuit, je rêvai de mon pyjama en pilou et de mon canapé avec mes trois garçons lovés dedans.

J'appelai tante Jacqueline… tout allait bien… ils étaient tous au lit en train de bouquiner, ils avaient eu de bonnes notes et avaient bien mangé… Peut-être qu'un tatouage « I got you under my skin » dans le creux des reins forçait le respect des adolescents, finalement.

En rentrant à l'hôtel, ce soir-là, avec l'équipe de production, la météo était de saison : vent, brouillard et pluie. Je sentis comme une chape de plomb s'abattre sur le moral des troupes. J'étais moi-même au bout du rouleau, pourtant il fallait que je fasse bonne figure : si l'auteur d'un programme montre un quelconque manque d'enthousiasme pendant le tournage, ça gangrène toute l'équipe… Je les invitai donc tous au bar pour noyer cette journée insipide dans le calvados.

Le lendemain matin… enfin midi… je me réveillai en sursaut… on tambourinait à ma porte en criant mon nom :

— Madame Guillon… il faut bouger votre voiture… elle gêne… la police est là… elle va l'enlever.

Je n'étais pas encore en état d'ébriété à 23 h 45 quand j'avais stationné ma BX dans une rue parallèle à l'hôtel mais, le brouillard aidant, je m'étais effectivement garée dans une rue très pentue, les fesses vers le bas et légèrement débordantes sur la chaussée, fermant ainsi le passage à tout autre véhicule motorisé à quatre roues. Pour ne pas faire attendre la police, je descendis en panique de ma chambre, en pyjama donc, pour bouger la BX. Les vapeurs du calvados me brouillaient encore légèrement l'esprit et me donnaient l'air hagard, je misai donc sur le fait que la police était loin de se douter qu'une si jolie femme en pyjama pouvait s'être pochtronnée la veille pour tenter d'oublier la médiocrité de son existence. Leur voiture bleu blanc rouge était garée en bas de la rue et l'un d'eux me montra gentiment une place libre pour stationner mon vaisseau.

Je m'enfermai dans mon bolide et, jugeant qu'il n'était pas nécessaire d'allumer le contact pour faire glisser mon char vers le bas de la rue en marche arrière puisque mon frein à main était en panne, j'appuyai juste sur l'embrayage pour mettre le vaisseau au point mort… avant de tourner le volant pour laisser glisser en direction du bas de la rue. C'était très mal connaître la technologie Citroën qui équipait les véhicules des années 1980/90… Le système hydraulique a l'avantage d'assurer au conducteur un confort hors norme… En revanche, si le conducteur ne tourne pas la clef dans le contact, la totalité de l'électronique du véhicule se bloque : les freins, l'ouverture des fenêtres et des portes… et la direction… sinon ce ne serait pas drôle !

Ne pouvant tourner le volant, j'appuyai comme une malade sur la pédale de frein qui ne répondit pas… je regardai en arrière et je hurlai de toutes mes forces dans l'habitacle pour prévenir l'attroupement du bas de la rue de mon atterrissage peu académique… Sans succès… Tout le monde regardait la voiture arriver sans se douter le moins du monde qu'il n'y avait plus de pilote électronique dans l'avion et que la météorite Citroën allait tout dévaster sur son passage…

Fort heureusement, juste avant le point d'impact, la foule s'était poussée sur le côté dans un formidable élan de survie… comprenant qu'une catastrophe se profilait. Dans mon vaisseau transformé en tombeau roulant, je me bouchai les yeux et les oreilles en me recroquevillant sur mon siège pour éviter de devenir tétraplégique après le choc. Et puis… plus rien… le silence… j'étais morte sûrement… même si je n'avais vu ni lumière blanche ni grande faucheuse… dans le coma, peut-être…

Je me dépliai et commençai à entendre des voix :

— Enlevez la clef et sortez…

Encore sous le choc mais néanmoins vivante, je retirai la clef de contact et je réussis à ouvrir la porte pour sortir de la BX… Je fus marquée par les réactions de la population locale : les policiers municipaux étaient hébétés, les gens autour riaient sous cape… Je compris pourquoi en allant voir les dégâts : ma BX avait totalement défoncé la Clio de la police qui était garée en épi… J'étais à deux doigts d'aller m'excuser mais mon haleine aurait pu leur mettre la puce à l'oreille…

— Je… je vais me changer et je vous rejoins au commissariat… je suis assurée hein… ne vous inquiétez pas…

Ils ne répondirent pas. Trop choqués, peut-être, et surtout trop occupés à inspecter le popotin de ma BX qui, lui, n'avait aucune égratignure !

Une douche froide me remit les idées en place. En remplissant le constat, je ne pus m'empêcher de rire… ce qui froissa la maréchaussée déjà bien froissée depuis le début de la journée. Dessiner le croquis de ma voiture dégommant en marche arrière une voiture de police fut un des moments les plus jouissifs de mes quarante-trois années passées sur terre…

*

Contrairement à ce que je pensais, j'avais beau avoir perdu une matinée de travail à faire mumuse avec la police locale, je fus extrêmement productive sur le tournage ce jour-là : les CocoricocoloK ayant tous des voitures, nous allions tourner une séquence « bagnoles et carrosseries » dont le synopsis était : Au moment de prendre sa voiture pour aller faire les courses au supermarché, la famille A s'aperçoit que sa voiture est enfoncée sur l'aile gauche… le parking étant réservé aux CocoricocoloK… comment la famille A va-t-elle s'y prendre pour trouver le coupable… ?

C'était une très belle séquence en perspective mais je n'avais pas prévu qu'ils en viendraient aux mains et que je finirais ma journée aux urgences : une suture d'arcade pour la famille A, un déboîtement d'épaule pour la famille B et une torsion testiculaire pour la famille C : un vrai carnage… bref, un très beau moment de télé-réalité.

La semaine qui s'écoula ne fut pas de tout repos : les colocs ayant décidé de ne plus s'adresser la parole, le programme virait au film muet. Fort heureusement, l'arrivée de JTK avec une petite rallonge financière motiva les troupes et les tournages reprirent avec le son et la couleur avant la livraison de la première série d'épisodes au diffuseur… Une livraison qui allait conditionner la suite de l'aventure : si la chaîne aimait on continuait, sinon le projet finissait comme des milliers d'autres dans les tiroirs de la direction des programmes…

En attendant, je traçai la route pour retrouver ma marmaille en espérant secrètement que la chaîne déteste...

Tante Jacqueline avait dû percevoir au son de ma voix smartphonique que j'étais plongée dans une grande détresse morale au volant de ma BX : quand je poussai la porte de l'appartement, mes trois grands m'attendaient, ils avaient préparé un apéro dînatoire de toute beauté pour fêter mon retour... C'était si bon de se retrouver chez soi... Malgré son tatouage et son fiancé docker, tata Jacqueline était très délicate et attentionnée : elle avait évité d'organiser une nouvelle partie de poker dans mon salon le soir de mon retour. Elle avait attendu le lendemain...

Le père de Jessica, en revanche me saisit dès mon arrivée. À peine avais-je posé une fesse sur le canapé et mis un Curly dans ma bouche, que mon portable sonna... et comme à mon habitude plutôt que de le mettre sur silencieux, je décrochai :

— Bonsoir, Madame Guillon, je ne vous dérange pas ?

Je n'ai jamais su quoi répondre à cette question étrange... : « eh bien si justement j'ai décroché juste pour le plaisir de vous dire que vous me dérangez... » Non franchement, si on pense qu'on dérange quand on appelle, eh bien on n'appelle pas ! Comme ça, on est sûr de ne pas déranger...

— Non non non... vous ne me dérangez pas du tout... je viens d'arriver à la maison...

— Est-ce qu'on peut se voir pour notre petite affaire... j'ai du nouveau et je pense que ça va vous faire plaisir...

— C'est vrai ?... vous avez un Guillon ?

— Oui... enfin... il faut qu'on en parle...

— Eh bien, heu... passez à la maison demain soir avec Jessica. On grignotera un morceau et puis les garçons ont prévu une partie de poker avec leur tante, on discutera pendant ce temps-là.

— OK très bien… à demain Madame Guillon…

Je raccrochai en ne sachant plus vraiment si je devais me réjouir ou pas… Si le père de Jessica avait effectivement trouvé un « Guillon » libre de droits, j'allais peut-être pouvoir garder mon nom et éviter de redevenir la « Poute » que j'étais à ma naissance… ce qui était mon vœu le plus cher. Pourtant la perspective de devoir m'atteler à l'organisation d'un faux mariage qui fasse vrai m'épuisait à l'avance. J'en avais déjà organisé trois vrais qui s'étaient révélés faux au bout de huit ans alors en organiser un faux qui dure toute la vie, ça me semblait inconcevable et presque insurmontable… Ma quête du « Guillon » éternel était-elle réellement indispensable ?

J'étais fatiguée et incapable d'une quelconque clairvoyance quant à mon destin.

Quoi qu'il en soit, je dormis bien cette nuit-là, rassurée par la voix sage et résignée de tata Jacqueline qui avait assumé toute sa vie le nom de « Poute »… malgré son métier d'enseignante… mais qui comprenait largement mon déni de nom grotesque… fût-il légèrement disproportionné !

Quand la partie de poker commença le lendemain soir, je me sentais beaucoup mieux que la veille et de nouveau prête à faire face à mon destin. Le père de Jessica paraissait tout excité à l'idée de me faire part du fruit de sa prospection acharnée dans tout l'hexagone.

— Vous êtes bien consciente, Madame Guillon, qu'épouser quelqu'un, même en blanc, peut entraîner quelques obligations à court terme ?

Cette andouille venait à l'instant même de me renvoyer en pleine face tous mes doutes de la veille.

— Heu… des obligations… c'est-à-dire ?

— Le mariage blanc est un échange de bons procédés, vous savez…

— Ah, je vois… vous m'avez trouvé un Guillon mais il est payant, c'est ça ?

— Pas du tout… justement… je vous ai trouvé un Guillon qui veut bien vous épouser sans aucune contrepartie financière.

— C'est super !… y a un loup quelque part ?... qu'est-ce qui le motive à se marier avec moi sans me connaître ?

— En fait… c'est un peu compliqué… le Guillon que je vous ai trouvé est le fils unique de Loïc Guillon P-DG et unique actionnaire de la biscuiterie « Ker Guillon », une entreprise bretonne…

— Ker Guillon… c'est un nom qui me dit quelque chose... Ah oui !… j'ai acheté des barres de quatre-quarts géantes « Ker Guillon » cet été à mes enfants… y avait que ça qui les calait, après trois quarts d'heure de baignade dans de l'eau à 17 degrés !

— Oui… c'est eux… le père a fait fortune avec les quatre-quarts, palet breton, et autre galette 100 % pur beurre…

— Et le fils ?

— Et le fils s'appelle Erwan, il a quarante ans et il est censé reprendre l'entreprise familiale d'ici la fin de l'année mais sous certaines conditions imposées par ses parents…

— Qui sont… ?

— Qui sont… légitimes, vu l'énergumène…

— Qui sont... ?

— Qui sont qu'il n'aura les clefs de l'entreprise que lorsque sa vie sera moins dissolue…

— C'est gentil d'avoir pensé à moi, mais pour la stabilité je ne suis pas ce qui se fait de mieux non plus !

— Comparée à lui, vous êtes un modèle. Il passe le plus clair de son temps dans les bars la nuit et dans le lit de ses conquêtes le jour… Il n'a jamais travaillé de sa vie et vit aux crochets de ses parents.

À ce stade de la discussion, je m'étais déjà presque résignée à reprendre mon nom de jeune fille. Poute n'était certes pas très reluisant, mais son histoire d'héritier déjanté de biscuiterie bretonne 100 % pur beurre commençait à me taper sur le système hépatique.

— Bon… allons droit au but : son plan, c'est de vous épouser pour rassurer ses parents et pouvoir enfin être seul maître à bord de la biscuiterie !

— Ah… oui… non… moi je veux bien me marier mais pour de faux… Si c'est pour devenir Madame « Ker Guillon » et démouler des quatre-quarts à longueur de journée avec mes faux beaux-parents… pendant que mon ivrogne de faux mari dilapidera la fortune familiale, je préfère encore redevenir Poute !

— Ne vous inquiétez pas ! Les parents ont prévu de partir passer leur retraite à Bali où ils ont une maison… Donc vous n'aurez qu'à jouer la comédie huit jours tout au plus, le temps de les rassurer sur l'avenir de leur fils, pour qu'ils signent la cession de leur entreprise à leur rejeton enfin casé…

— Pffff… bon ben… faut que je réfléchisse… Non parce que là… ça fait beaucoup quand même… C'est pas une entreprise du CAC 40, Ker Guillon ?

Le lendemain matin, je me réveillai d'une nuit agitée avec un arrière-goût de quatre-quarts dans la bouche et un avant-goût de marche nuptiale dans la tête. J'avais pris ma décision… je deviendrais Madame « Ker Guillon » pendant huit jours et permettrais ainsi à un jeune homme de bonne famille certainement écrasé, pendant des décennies, par l'imposante posture de ses géniteurs, de se révéler enfin à la tête de l'empire familial !

Pour l'annoncer au père de Jessica, je me fendis d'un SMS de circonstance :

« Dites à Erwan Ker Guillon qu'il peut compter sur moi pour avoir sa part du gâteau… ! »

La réponse de Jean-Jacques Mimbert ne tarda pas…

« Il va être fou de joie… je lui transmets dès maintenant vos coordonnées pour l'organisation des festivités… »

Les festivités… moi qui m'étais juré de ne jamais plus dire oui pour la vie à qui que ce soit, ni de remettre les pieds dans une robe de mariée, j'allais encore devoir m'y coller ! Rien que d'imaginer mes petits bourrelets à nouveau compressés dans une meringue du genre omelette norvégienne, j'en avais les larmes aux yeux… Je me raisonnai en tentant de me persuader qu'il se pouvait fort que ce mariage-ci, contrairement aux trois autres, soit quasi princier ! Eh oui… la fortune amassée pendant cinquante ans grâce aux barres de quatre-quarts et aux kouign-amann devait être colossale, ce qui me garantissait au moins une réception digne de ce nom avec du champagne qui ne fait pas mal à la tête et des verrines à la place des petits fours !

Quant à la robe de mariée, pour une fois, je n'aurais peut-être pas à l'acheter chez Tati ou à la récupérer dans le grenier d'une copine divorcée…

11

Novembre… c'est le troisième mois en brrr… et ça commence à sentir le sapin !

— M'man… on fait quoi à la Toussaint ?

La Toussaint… ses chrysanthèmes, sa météo guillerette… ses nuits qui tombent à 17 h 30… et ses vacances scolaires… Encore des vacances… Encore des dépenses… Encore ce sentiment de culpabilité qui allait m'étreindre au boulot parce que je n'aurais pas pu prendre un seul jour de congé pour profiter de mes enfants. À la Toussaint, c'est très bizarre… j'ai toujours eu très envie de mourir sans pour autant être suicidaire… Non… juste une irrépressible envie de décrocher totalement des vicissitudes du monde des vivants… une sorte de Halloween break, comme à Disney mais sans la citrouille sur la tête…

— Alors à la Toussaint… mes petits chats… comme je dois retourner sur le tournage des « CocoricocoloK » je vous emmène avec moi en Normandie cinq jours et vous allez découvrir le monde merveilleux de la télé-réalité vu de l'intérieur... Vous me jurez que vous n'en parlez pas à vos profs !

Les vacances de la Toussaint n'étant ni propices au farniente à l'ombre d'un parasol, ni idéalement placées dans l'année pour pratiquer, au grand air, quelque sport que ce soit, il était généralement de bon ton de profiter de cette horrible quinzaine pour s'adonner, en famille, aux multiples activités culturelles dont Paris regorgeait. Le tournage d'une émission de télé-réalité ne rentrant pas tout à fait dans ce cadre, je préférais qu'ils n'en fassent pas écho auprès du corps enseignant.

Malgré les difficultés rencontrées sur le tournage et l'ambiance délétère entre les trois familles de colocataires, les premiers épisodes du pilote avaient été très bien reçus par la chaîne… On avait juste été obligés de remercier le réalisateur, la costumière, la script et le décorateur sinon tout leur plaisait… c'est-à-dire rien… à part les colocataires eux-mêmes et certains synopsis d'épisodes. Il fallut donc reprogrammer trois semaines de tournage en novembre avec un nouveau décor dans la même maison, une nouvelle charte de réalisation, un nouveau styliste, et une script d'exception recrutée chez Luc Besson.

Mon mois de novembre s'annonçait donc nomade et humide. Une semaine en Normandie en ciré jaune sous la pluie et peut-être une semaine sous le crachin breton déguisée en omelette norvégienne… La vie était décidément pleine de surprises et de rebondissements… Surtout la mienne !

La veille de partir pour le tournage, je reçus un petit SMS du père de Jessica :

« Erwan va vous appeler… la date du mariage est fixée au 26 novembre… si vous voulez, je serai votre témoin… vous vous sentirez moins seule… »

J'avais décidément bien fait de confier cette abominable Jessica aux bons soins de la sœur de Flitch, cet été, son père était aux petits soins avec moi depuis que je lui avais redonné son petit trésor customisé à la sauce jésuite de Guantanamo…

Je partis donc le cœur léger sur la route de Louviers… et nous traversâmes le bocage normand en chantant à tue-tête « Take a Chance on me » d'ABBA, la seule cassette qui passait encore dans le radiocassettes de la BX…

L'arrivée dans le Calvados fut moins glorieuse : des trombes d'eau déferlaient sur le village depuis deux jours… J'avais réservé deux chambres doubles mais il n'en restait plus qu'une : erreur de saisie informatique. Résultat : la direction de l'hôtel fit installer deux lits pliants dans une chambre double de 13 m^2. Fenêtres fermées, il était humainement impossible de respirer, les ados ayant cette particularité de sécréter des hormones dont le fumet a des propriétés asphyxiantes…

Sur le tournage, en revanche, tout était assez calme… le nouveau décorateur avait repeint les murs en taupe et les colocataires étaient devenus aussi zen que les meubles design qui avaient été installés. On était passé d'un décor rustique sur fond rouge à un décor épuré à la japonaise. Flitch veillait aux dernières mises en place préconisées par le nouveau cahier des charges artistique de la chaîne et paraissait lui aussi beaucoup moins inquiet que lors du dernier tournage.

— Tu vas voir, tu vas te régaler… les colocs sont devenus doux comme des agneaux, les enfants sont tous devenus potes, c'est génial… En plus la script…

elle est top… elle pense à tout, c'est du billard… tu vas pas avoir grand-chose à faire, ma grande…

C'était parfait. Comme j'avais mes trois lascars avec moi, autant qu'ils ne me voient pas en panique. C'est toujours très mauvais de voir sa mère en panique sur son lieu de travail… ça casse le mythe de la mère supérieure qui assure contre vents et marées, sans jamais baisser les bras ni verser une petite larme.

— M'man, c'est normal que les enfants ils écrivent sur les caméras avec des marqueurs noirs ?

Depuis qu'il était né, Victor n'avait jamais cassé le moindre verre, il ne s'était jamais aventuré près d'aucune prise électrique et n'avait jamais ne serait-ce qu'imaginé écrire avec un feutre sur autre chose qu'une feuille de papier blanc donnée par un adulte… Alors voir des enfants badigeonner des optiques de caméras HD à 15 000 euros pièce avec des marqueurs indélébiles… ça l'interpellait… quelque part…

Et quand il vit sa mère hurler comme une aliénée en manque de Tranxène et se jeter sur ces petits monstres pour les étrangler devant leurs parents, il se dit que plus tard… il irait sûrement lui aussi… comme bon nombre d'enfants devenus adultes… consulter un psy !

Après cette parenthèse lapidaire mais néanmoins nécessaire, les séquences de tournage s'enchaînèrent sur un rythme effréné… les colocataires devant réagir aux mêmes problématiques que pour la première série de pilote, ils étaient très au point… Déborah, « la script de chez Besson », était d'une efficacité rare : à elle seule elle faisait le travail du réalisateur, du chef opérateur et le mien, aussi, un peu. J'aurais pu mal le prendre mais en l'occurrence j'en profitai lâchement pour lui faire une confiance aveugle et m'éclipser des après-midi entiers pour faire prendre l'air normand à mes ados boutonneux… Je leur fis découvrir des lieux chargés d'histoire : comme les plages du débarquement, le clocher de Sainte-Mère-Église et les boutiques de souvenirs des plages du débarquement allié…

Au soir du deuxième jour, je reçus l'appel de mon futur époux : Erwan Guillon qui, s'il avait le physique de sa voix, devait être d'une beauté absolue. Je l'imaginai entre Brad Pitt et Jude Law... une sorte de Brude Plawtt donc… Je me trompais…

Il me confirma de son bel organe la date du mariage et les huit jours que je devais passer sur place avant et après la noce pour que les parents ne se doutent de rien jusqu'à leur départ quasi définitif pour Bali prévu le 1er décembre… Il leur avait expliqué que mon job de « productrice » télé m'obligeait à rester sur Paris pour l'instant et que je ne ferais par conséquent leur connaissance que quelques jours avant le jour J. Jusque-là, le scénario d'Erwan Guillon tenait plutôt la route sauf quand il évoqua l'intervention de sa mère pour le choix de ma robe de mariée, j'eus du mal à déglutir… Elle connaissait une couturière locale qui faisait des merveilles, je n'avais donc qu'à lui communiquer mes mensurations et elle s'occuperait de tout. Je compris à cet instant que je pouvais faire le deuil de la robe de créateur de fin de défilé de fin de Fashion Week…

— M'man on a grave faim là…

Je compris également qu'il était temps de mettre fin à l'organisation de mon faux mariage pour me consacrer à la faim qui creusait l'estomac de mes vrais enfants.

« Moules frites à Omaha Beach » fut donc le thème de la soirée, ce qui me permit de faire un peu d'histoire et de m'apercevoir que cette discipline n'était pas à proprement parler leur matière de prédilection : pour les deux plus grands, Charles de Gaulle était un aéroport et pour le petit dernier… un porte-avions… Quant à Pompidou, il fut assimilé au petit cri que poussait Marilyn Monroe à la fin d'une de ses chansons : pom pom pidou… L'Éducation nationale n'est décidément plus ce qu'elle était…

Après cinq jours de tourisme familial, JTK arriva pour prendre la relève. Je planquai mes enfants dans la BX et je lui fis croire que j'avais bossé comme une dingue et que tout était nickel… alors que je n'avais assisté à aucun tournage. Je lui glissai à l'oreille, avant de partir, que « la script de chez Besson » était une petite fée de la télé-réalité et qu'elle allait révolutionner le genre… La chaîne serait bluffée, c'est sûr… et on serait bientôt reconnu dans tout le PAF comme des précurseurs en matière de créativité audiovisuelle, ce qui le mit de bonne humeur puisqu'il m'invita à déjeuner dans la meilleure auberge du coin.

La particularité des « meilleures auberges du coin », c'est qu'en plus d'être meilleures que les autres, elles sont plus copieuses et moins chères que les autres : pour seize euros dans la « meilleure auberge du coin », on arrive à se distendre l'estomac bien plus qu'au réveillon de Noël… Sans oublier que, dans la « meilleure auberge du coin », il y a aussi « la meilleure carte des vins du coin » et, en fin de repas, une fois que l'estomac a pris la forme et la taille d'un ballon de basket, il y a « le meilleur calva du coin » qui permet de « faire glisser », comme dirait la patronne de « la meilleure auberge du coin »… J'étais donc en train de faire glisser… quand j'entendis mon portable vibrer dans mon sac : j'avais douze appels manqués de Paul… !

Jésus Marie Josette !!!… J'avais oublié les enfants dans la BX !!... Je sortis de table en prétextant une envie urgente et téléphonai illico à Paul.

— Oh désolée, mes chatons, j'ai été invitée par mon patron, je n'ai pas pu refuser, vous devez mourir de faim ?

J'avais bâfré pendant deux heures dans la « meilleure auberge du coin » alors que mes enfants étaient en crise d'hypoglycémie dans la « plus moche voiture du coin »… la culpabilité me serra l'estomac… j'eus un petit début de nausée…

— T'inquiète, M'man… on a été s'acheter des sandwichs à la boulange…

— T'avais des sous ?

— Ben non, mais on en a trouvé dans la boîte à gants… tu sais, dans la grosse enveloppe…

— Quelle enveloppe ?

— Ben… l'enveloppe avec marqué BRAVO en gros dessus…

— Bon, vous recrachez vos sandwichs tout de suite… cet argent n'est pas à moi… j'arrive !

Je partis ventre à terre, prétextant un problème à régler sur le tournage… JTK étant déjà sous l'emprise du « meilleur calva du coin » qu'il sirotait avec les habitués de la « meilleure auberge du coin », il ne m'en tint donc pas rigueur.

Arrivée à la voiture, je sortis l'enveloppe de la boîte à gants… « BRAVO », c'est tout ce qui était marqué… à l'intérieur il y avait… des billets… de 50 de 20 de 10… plein… il devait y avoir au moins…

— 2 000 euros, on a eu le temps de les compter, M'man, pendant que tu mangeais… on a compté trois fois… enfin y a plus que 1 980 euros maintenant… on a pris des Coca avec les sandwichs…

Qui avait bien pu mettre cet argent dans ma boîte à gants ? Et pourquoi ? Comment ? Ça… c'était pas compliqué, n'ayant pas de fermeture centralisée des portes sur la BX, il y en avait toujours une ouverte. J'aurais dû me réjouir de cette rentrée financière inattendue mais mon esprit était déjà parti sur la piste du mystérieux donateur…

Était-ce un des CocoricocoloK à qui j'avais rendu service sans m'en rendre compte ?... ou Flitch qui, assailli par les remords d'avoir revendiqué ce programme alors que j'en avais eu l'idée, me reversait quelques droits d'auteur sous le manteau… Je repartais l'après-midi même mais je me promis de ne pas toucher à cet argent tant que je ne savais pas pourquoi il avait atterri dans ma boîte à gants.

*

De retour à la maison, la boîte aux lettres était pleine de prospectus en tous genres… m'avertissant que si je voulais « cagnotter » des points de fidélité, j'avais intérêt à acheter du jarret de porc sans os et du pain de mie sans croûte… Les mots « Points de Fidélité » me replongèrent dans mes tranches de vie conjugales. J'aurais dû adapter cette technique marketing de la grande distribution à mes ex-maris… une carte de fidélité… et un système de points cagnottés quand ils parvenaient à éviter de reluquer les jarrets de certaines espèces féminines en ma présence…

Le téléphone se chargea de me sortir de mes pensées revêches, Erwan Ker Guillon revenait à la charge et le ton de sa voix était moins posé que la dernière fois : un vent de panique semblait souffler sur ses cordes vocales.

— Je suis désolé de vous déranger mais… mais c'est ma mère… elle veut vous rencontrer avant le mariage, elle veut venir à Paris… je ne sais pas quoi lui dire…

J'ai toujours attiré les belles-mères… Toutes celles qui ont traversé ma vie m'ont toujours trouvée divine avant de me détester et je les ai toujours détestées avant de les trouver… odieuses…

— Dites-lui qu'avec mon boulot et mes enfants, je suis très prise.

— Ah je ne lui ai pas dit que vous aviez des enfants… vous croyez qu'il faut que je lui dise ?

— Si le but de ce mariage est de rassurer vos parents sur votre sens des responsabilités, je pense que choisir une femme avec trois enfants ne peut que leur montrer à quel point vous êtes devenu raisonnable… c'est toujours rassurant les enfants !

Pour rassurer le pauvre Erwan qui avait l'air d'être un sacré boulet, je lui proposai d'écrire un petit mail sympathique et chaleureux à sa mère afin de lui éviter à elle un déplacement futile et à moi un déjeuner soporifique…

« Chère Madame Guillon,

« Je me permets de vous écrire ce mail afin de faire plus ample connaissance avec vous car je suis persuadée que celle qui a donné la vie (dans d'atroces souffrances, j'imagine) à celui qui est devenu l'homme merveilleux que j'aime de tout mon cœur depuis plus d'un an est forcément un être d'exception… »

(*Une future belle-mère doit toujours être caressée dans le sens du poil… lui rappeler son accouchement à la maternité Sainte-Marie ne peut que l'attendrir… même si son rejeton est, depuis, devenu la pire des racailles, elle redevient à la seule évocation de sa naissance une mère douce et aimante prête à tout pour le bonheur de son vilain petit canard…*)

« Erwan est l'homme le plus délicat, le plus intelligent et le plus sensible que je connaisse, il est déjà un père admirable pour mes trois enfants qui en sont privés depuis quatre ans déjà. Erwan ne vous l'a peut-être pas dit mais je suis veuve : leur père est mort dans l'exercice de sa passion : il était spéléologue et une erreur de grotte lui a été fatale. Erwan nous a redonné la joie de vivre et nous lui avons donné en échange l'amour d'une famille unie et l'irrésistible envie de reconstruire sa vie avec la nôtre… »

(Dans le cas d'une belle-mère fortunée que l'on imagine par conséquent sur la défensive, il est impératif dès le deuxième paragraphe de parvenir par le biais de quelques formules bien senties à lui serrer la gorge (au sens figuré bien sûr) afin qu'une petite larme s'écrase sur le clavier de son ordinateur quand elle lit le mail... Une larme de belle-mère c'est la garantie d'un mariage réussit...)

« Faire partie de votre famille dans quelques jours me remplit de joie, Erwan a très à cœur de mener à son tour l'entreprise que vous avez portée tout au long de votre vie, vers les sentiers de la gloire internationale et je l'épaulerai dans cette difficile tâche en mettant à son service toutes mes compétences et Dieu sait si j'en ai. Les biscuits "Ker Guillon", soyez-en persuadée, chère Jolie Maman, deviendront bientôt grâce à votre fils le fleuron de l'industrie française : le L'Oréal du biscuit pur beurre. Les Chinois rêveront de cette entreprise chaque nuit mais jamais ils ne l'auront ! »

(Si, à la relecture il apparaît que l'exagération du propos a pris le pas sur la réalité des faits, c'est que la lettre est une réussite, elle est « impactante » comme on dit en marketing. La belle-mère aura d'emblée une confiance aveugle envers sa bru car son style impeccable, sa droiture d'esprit et sa rigueur dans l'action l'emporteront sur les doutes et la consternation.)

« Par manque de temps, Jolie Maman, je n'aurai pas l'opportunité de vous rencontrer avant mon arrivée à Quimper, mais comme dirait Sigmund Freud : "le manque crée le désir !" et je sais que vous préparerez ce mariage avec autant de talent que vous en avez eu pour préparer la pâte à quatre-quarts qui a fait la renommée de la maison "Ker Guillon"... Pour mes mensurations vous pouvez vous baser sur un bon 40 et je mesure 1 m 58 pour 58 kilos, d'où le petit surnom de mètre cube donné par mes enfants... qui se joignent à moi pour vous embrasser déjà très affectueusement... »

(*L'image des petits-enfants entourant de leurs petits bras potelés le cou de leur nouvelle grand-mère ne peut qu'achever la belle-mère... si tant est qu'une once de suspicion ait perduré jusqu'à cet ultime paragraphe...*)

À la relecture de la lettre que je m'apprêtais à envoyer par mail à ma future fausse belle-mère, je fus ébahie par tant de dextérité linguistique, je mis Erwan Guillon en copie et me dis qu'il était désormais impossible que ce pauvre héritier ne soit pas sacré P-DG de la biscuiterie Ker Guillon le 26 novembre au soir, et que je ne sois pas sacrée « Madame Guillon jusqu'à la fin de mes jours » par la même occasion !

Le retour de mail d'Erwan arriva juste avant que j'éteigne l'ordinateur :

« Bravo pour cette lettre ! Maman est sous le charme, elle adore déjà les enfants, elle s'occupe de la robe et de leur tenue de garçons d'honneur... »

Les garçons d'honneur... pas sûre que cette nouvelle les rende fou de joie mais après tout l'idée saugrenue de me remarier à un Guillon pour garder mon nom était venue d'Émile, il était donc normal qu'il assume son concept jusqu'au bout en enfilant un chapeau rond comme les Bretons et en accompagnant la traîne de sa mère jusqu'au bureau du maire…

En grimpant sur la balance, ce soir-là, je remarquai que l'aiguille avait légèrement dévié vers le 6 de 60… il devenait impérieux de faire un petit régime de remise à niveau si je ne voulais pas rentrer dans ma robe de mariée avec un chausse-pied…

Cinq jours avant le jour J, Erwan débarqua à Paris pour mettre au point les derniers préparatifs. Je pus ainsi constater que sa voix sublime au téléphone ne correspondait aucunement à son physique : il n'était pas totalement moche… pas totalement beau non plus, nous formions donc un couple tout à fait raccord.

Afin d'éviter trop de contacts frontaux avec ses parents durant notre court séjour, il fut convenu que les enfants et moi dormirions chez Erwan, mais sa mère tenait absolument à ce que je vienne chez elle pour enfiler ma robe à l'abri des regards de mon futur époux, le jour du mariage… La signature des papiers de cession de la société « Ker Guillon » était prévue deux jours après la noce, je pourrais donc finalement repartir juste après la signature en prétextant l'école pour les enfants. Le nombre d'invités était restreint : un couple d'amis des parents, les enfants, mon témoin et le témoin d'Erwan… Tout semblait sous contrôle… Erwan avait même préparé une petite liste de choses à savoir pour ne pas avoir l'air à l'ouest le jour J :

Prénom de Maman : Annick, sa passion : les jack russel (ce sont des chiens, elle en a six). Prénom de Papa : Jean-Yves, sa passion : le Jack Daniel's (c'est du whisky, il en a plein sa cave).

J'ai un énorme grain de beauté sous l'omoplate gauche et une cicatrice sur la fesse droite qui date de mes huit ans quand je suis parti avec Papa à la pêche au gros et que je me suis assis sur l'hameçon destiné à l'espadon... c'est l'anecdote phare de la famille...

Voici ce que je leur ai dit de notre couple : *Nous nous sommes rencontrés à Saint-Malo pour le départ de la Route du rhum, nous avons eu un coup de foudre devant le bateau nommé « Crêpes Waouh ! », ce qui est très drôle pour l'héritier d'une biscuiterie bretonne... c'est l'anecdote phare de notre couple...*

Votre métier : productrice télé, votre salaire : très élevé (sinon ils vont croire que vous m'épousez pour l'argent...).

Cet argumentaire me parut un peu mince pour tenir quatre jours mais je comptais sur mon sens inné du bavardage inutile pour embrouiller les beaux-parents, si le besoin s'en faisait sentir, entre la poire et le fromage...

*

— Ça se fait trop pas ce que t'as fait, M'man...

— C'est vrai, M'man, franchement t'es limite sur ce coup !

— Tu crois qu'y aura une pièce montée avec des choux... ?

À part Victor qui avait vite associé le mot « mariage » avec les mots « nourriture abondante », les deux aînés n'avaient pas vraiment apprécié que je les force à participer à mon mariage blanc en tant que garçons d'honneur… J'avais eu beau parler de solidarité familiale et de charité chrétienne, l'ambiance dans le train qui nous menait à Quimper n'était pas des plus détendues. J'en profitai pour leur donner mes dernières instructions anti-bourdes :

— Vous êtes très discrets, vous ne parlez presque pas, vous adorez Erwan comme votre propre père, votre père qui est le même pour tous les trois est mort en faisant de la spéléologie… vous avez donc des petits moments où vous êtes tristes…

— J'ai rien compris… Erwan est notre père mais notre père est mort… C'est pas clair ton truc !

— C'est quoi de la spélolologie ?

— T'as qu'à dire qu'on est tous les trois sourds et muets à cause de notre père spéléologue mort, comme ça on parle à personne et on fait que manger…

Parfois le silence est la meilleure réponse à la mauvaise foi…

« Mesdames Messieurs, dans quelques instants notre TGV va entrer en gare de Quimper terminus de ce train… »

Mais une annonce de ce type, c'était encore mieux…

Après présentation d'Erwan aux enfants sur le quai, nous prîmes la route en direction du pays bigouden, berceau de la famille Guillon… une bonne heure nous séparait de la maison d'Erwan à Pouldreuzic… un charmant petit village patrie de Pierre Jakez Hélias et siège social des pâtés Hénaff…

Après une soirée passée au coin du feu à régler les derniers détails, je découvris mon emploi du temps des jours à venir : présentation aux parents, puis essayage de la robe en tête à tête avec Annick, puis visite de la biscuiterie à trente kilomètres de là avec Jean-Yves, puis plus rien jusqu'au lendemain 15 heures à la mairie pour l'échange des vœux et des alliances, suivi du vin d'honneur, des photos des mariés et du repas final avec les témoins et les parents… Suivis le surlendemain de la passation de pouvoir pour la direction des affaires familiales. Sur le papier tout paraissait parfait : si Erwan était aussi organisé et prévoyant une fois à la tête de Ker Guillon, il ferait des merveilles…

À notre arrivée chez les parents d'Erwan, je me sentis comme chez moi, Annick m'embrassa comme du bon pain, Jean-Yves me pinça la joue avec ses gros doigts comme pour vérifier l'élasticité de ma peau, les enfants mangèrent du quatre-quarts Ker Guillon tout l'après-midi pour être sûrs de ne rien dire de compromettant, et je partis le cœur léger essayer ma robe de mariée… dans la toute petite maison de la toute petite couturière de jolie maman Annick…

Au début je crus qu'elle me montrait un costume qu'elle avait fabriqué pour le tournage d'un film historique retraçant l'arrivée des Vikings en Bretagne au IXe siècle quand Charles le Chauve était encore sur le trône… ou pour un spectacle médiéval en son et lumière… Mais quand cette petite femme m'indiqua d'un coup de tête la pièce d'à côté en me donnant délicatement la… la chose… je compris que cette pièce unique, faite de broderie et de dentelles bordées de poils blancs, surmontée d'une cape dorée et sertie de petites créatures bleues brodées à la main… serait celle que je devrais porter le lendemain à la mairie de Pouldreuzic…

Quand je me vis dans le miroir, j'eus beaucoup de mal à réprimer les spasmes qui secouait mon intérieur… début de sanglot ou prémices de fou rire incontrôlable, je ne savais pas ce qui allait sortir au final mais il fallait absolument que je contienne tout ça pour ne pas commettre d'impair…

Annick m'expliqua que cette robe était celle de son arrière-grand-mère qui l'avait portée lors de son mariage et que la tradition bigouden voulait que les mariées du clan se la refilent de génération en génération… Annick y avait échappé pour son propre mariage car la robe s'était perdue un temps dans un grenier. Mais par chance elle l'avait récupérée et gardée précieusement pour le mariage de son fils unique.

Malgré tout le respect que je dois aux traditions ancestrales et au folklore breton dont je suis moi-même issue par mon père, cette robe blanche mais un peu jaunie par le temps était la chose la plus moche que j'avais jamais portée… elle partait en corolle mais s'arrêtait aux genoux, ce qui mettait bien en valeur mon petit côté « mètre cube » et puis la cape jaune finissait le tout… : « Super mètre cube » une sorte de super héros 100 % pur beurre…

Après réflexion, je réussis à esquisser un sourire résigné, ce n'était qu'un mauvais moment à passer et à part une population finalement assez réduite, personne ne me verrait dans cet accoutrement à part mes enfants en qui j'avais toute confiance. Je m'apprêtais donc à quitter ma panoplie après la pose de quelques épingles quand Annick me regarda avec un grand sourire en se tapotant sur la tête !

J'allais oublier le voile, ou le diadème en marguerite… ou le… le tuyau de poêle en dentelle ! Eh oui, bien sûr… même pour leur mariage les vraies bigouden portaient la coiffe traditionnelle ! Une coiffe un peu plus conséquente que les autres, ornée de rubans et de passementerie… un peu plus haute aussi que la normale, ce qui me permettait de gagner quelques centimètres… et de ne plus ressembler à un vieil abat-jour mais à un entonnoir de compétition…

Côté déguisement, les garçons d'honneur et le marié furent bien servis eux aussi : marinière et chapeau rond… ils n'en menaient pas large… mais à mon arrivée sur le parvis de la mairie affublée de mon costume traditionnel, le fou rire de la fratrie des chapeaux ronds fut tel qu'on en parle encore dans le Landerneau… Quand le maire prononça la phrase magique « Au nom de la loi je vous déclare unis par les liens du mariage », j'entendis un petit « Yes » entre les dents d'Erwan et pendant que nous nous embrassions pudiquement du bout des lèvres, je pensai à ce moment divin où je retirerai cette robe grotesque et ce tuyau de poêle qui commençait à me ruiner les cervicales.

J'appris très vite que ce moment divin serait repoussé à beaucoup plus tard puisque avant le vin d'honneur et le dîner… il fallait passer par la case « photos de jeunes mariés », avec un photographe spécialisé, sur trois sites différents : à la mairie, à la biscuiterie familiale et au bord de la mer pour avoir une série sur la plage avec les vagues en fond, les parents d'Erwan y tenaient particulièrement… La série de la mairie fut vite expédiée, mais les photos à la biscuiterie prirent beaucoup plus de temps. Les parents d'Erwan voulaient faire des mises en scène : Erwan et moi avec une barre de quatre-quarts dans les bras en guise de nouveau-né… Erwan et moi croquant la galette pur beurre comme Adam et Ève la pomme… et moi toute seule, de trois quarts profil, puis de face, mimant avec un sourire un peu niais l'entrée d'une part de kouign-amann dans ma bouche pulpeuse… le tout en costume de bigouden, bien sûr… Autant dire que j'attendais le tirage papier avec une impatience non dissimulée…

D'autant que la série de photos en milieu marin s'avéra exceptionnelle. Le lieu choisi pour les photos étant la pointe de la Torche, réputée dans le milieu des surfers et des windsurfers pour être l'un des meilleurs spots de Bretagne. En effet… il y avait ce jour-là comme tous les jours de l'année ou presque un petit vent de force 7/8 qui avait pour avantage de faire avancer les planches à voile très vite… et la mariée bigouden aussi… La coiffe faisait une bonne prise au vent ! Quant à la robe, elle ne resta pas longtemps au-dessus du genou. Comme Marilyn Monroe, j'essayai vainement de la rabaisser sur mes cuisses mais comme ma tête était tirée en arrière prête à s'envoler avec la coiffe... je manquai de concentration. Le photographe aussi d'ailleurs, les mises au point n'étaient pas très aisées…

Au milieu du dîner… je faillis tomber la tête la première dans la nage de coquilles Saint-Jacques et son coulis de crevettes grises tant le vent m'avait soûlée… et le lendemain matin, un torticolis fulgurant m'empêchait de tenir la tête droite. J'étais très penchée à gauche et un peu en arrière aussi ce qui me donnait un air d'idiote du village…

C'est avec ce petit air penché que je me rendis le dernier jour à la signature de la cession de la société avec mon faux époux. Annick et Jean-Yves avaient la larme à l'œil, Annick répétait « les photos sont superbes… les photos sont superbes… vous verrez… » et elle promit de me les faire parvenir dans les plus brefs délais. Après une dernière embrassade collective, Erwan me ramena à la gare de Quimper avec les enfants, en me remerciant chaleureusement pour notre investissement dans cette délicate opération, je le félicitai à mon tour pour son nouveau statut de P-DG des biscuits « Ker Guillon » et lui souhaitai « bon vent » en me tenant le cou…

J'étais épuisée par ce séjour breton mais heureuse : je restais Capucine Guillon, je tournais définitivement la page Poute et c'était bien là l'essentiel.

Dans le métro puis le RER, je ne pus m'empêcher d'appeler mes parents pour l'organisation du réveillon de Noël : c'était dans moins d'un mois et entre le boulot et tout le reste, je préférais en parler au calme dès maintenant… Cette année, j'avais mes trois garçons avec moi, ce serait donc un vrai Noël en famille avec les cousins, les tontons, les tatas, les beaux-frères, les belles-sœurs… cinq jours placés sous le haut patronage des triglycérides, cinq jours épuisants pour nos entrailles mais indispensables à la survie de notre famille… Il fut convenu que j'arriverais le 22 décembre au soir avec les enfants pour aider aux préparatifs.

En attendant il me restait deux-trois bricoles à régler : la fin du tournage, la postproduction et la présentation à la chaîne du nouveau pilote des Cocoricocolok me prendraient bien jusqu'au 15 décembre... Les cadeaux de Noël pour cette famille de lapins m'occuperaient tous les week-ends à partir du prochain et si je voulais éviter les pauvres cadeaux made in China glanés çà et là dans les bazars de banlieue, j'avais intérêt à retrouver ce mystérieux donateur... J'acceptais volontiers son offrande de 2 000 euros, encore fallait-il que je sache pourquoi et si ce don était désintéressé... J'arrivai donc à la maison avec une affreuse migraine, je piquai un petit roupillon sur le canapé... qui ne dura que sept minutes... mon portable croassant pour m'annoncer l'arrivée d'un SMS...

« Réunion dans mon bureau demain 9 heures. »

Quand JTK fixait une réunion à 9 heures, c'est qu'il y avait du rififi à la paroisse et quand il ne finissait pas son SMS par un petit « Biz », c'est qu'il m'en voulait personnellement... Ou alors c'est que je rentrais dans une petite phase paranoïaque assez récurrente à cette période de l'année... Ou alors c'est qu'il était très pressé... Bref... l'ambiance professionnelle s'annonçait tendue.

*

La réunion fut houleuse le lendemain... JTK avait visionné les nouvelles images, celles du nouveau réalisateur, avec le nouveau décor et la script de chez Besson et il trouvait ça nul ! Après visionnage dans son bureau, il n'était pas loin d'avoir raison… Tout était devenu mou et terne… On se serait cru dans un épisode de l'inspecteur Derrick, ce qui n'était pas tout à fait le but recherché pour de la télé-réalité de la TNT… Pour rebooster un peu le tout, nous n'avions d'autres choix que de recaler quelques journées de tournage supplémentaires et je dus me remettre à l'écriture de saynètes « désopilantes et rocambolesques » pour redonner un peu de piment au programme…

« Les colocataires ont fait exploser le grille-pain et mis le feu à la cuisine, ils vont tenter de masquer les dégâts sans débourser un centime… »

« La famille C originaire du Nord est en manque de frites… elle décide donc d'acheter une friteuse avec la cagnotte des colocataires sans en faire part à la famille B qui lutte avec acharnement contre un cholestérol héréditaire… »

« La famille A surnommée “la famille boulet” a pris l'initiative de lancer une machine de linge sale comprenant le sien et celui des autres familles… mais ils ont mélangé le blanc et les couleurs… la laine et le coton… et choisi le programme grand blanc à 90° et 1 600 tours minute… »

« N'ayant pas pris l'option ménage lors de la signature du contrat de location, les colocataires doivent faire le ménage avant de rendre la villa à la fin des vacances… si le ménage n'est pas bien fait, le propriétaire (extrêmement méticuleux) ne rendra pas la caution (extrêmement élevée)… Mais les familles A et C sont plutôt crapoteuses… »

Je n'étais pas sûre que cela suffise à sauver le programme, mais Nadège, fan de télé-réalité, m'affirma que « c'était top délire » et que « ça allait le faire grave »… ce qui confirma mes doutes puisque la dernière fois qu'elle avait fait ce genre de commentaires sur un projet, la chaîne l'avait balancé par la fenêtre !

Quoi qu'il en soit les nouvelles séquences furent tournées un peu à l'arrache mais fin novembre tout était en boîte… ne restait plus que le montage, la post-production et le verdict final de la chaîne en guise de cadeau de Noël…

12

En décembre… vivement l'année prochaine !

Pour fêter sa première « coproduction » de télé-réalité, JTK décida d'organiser une fête de fin de tournage réunissant, dans la maison des CocoricocoloK, toute l'équipe technique, les colocs, les gens de la production exécutive et quelques partenaires locaux qui nous avaient rendu service sur place.

Je fis une courte apparition le temps de claquer la bise à tout le monde et de boire du mousseux chaud dans un gobelet en plastique… il y avait un monde fou et pas mal de gens que je n'avais jamais vus… dont cet homme qui s'avançait vers moi avec un large sourire.

— Je ne vous remercierai jamais assez !

J'avais très peur de commettre une bourde en ne reconnaissant pas un des directeurs de la chaîne et je fis celle qui avait reconnu son interlocuteur…

— Ah heu oui enfin… c'est toute l'équipe qu'il faut remercier, moi… je travaille dans l'ombre, vous savez…

— Ah non non, pas de fausse modestie, l'équipe n'y est pour rien… c'est vous qui m'avez vengé et de quelle manière c'était magnifique ! Quel strike !

Je commençais à me dire que j'étais tombée sur l'idiot du village et j'allais partir discrètement en lui souriant bêtement quand il m'attrapa vigoureusement la manche du blouson. Il sentait très fort l'alcool alors que la petite fête ne faisait que commencer, il colla sa bouche contre mon oreille et me dit :

— Vous avez bien trouvé l'enveloppe, au moins ?

C'était lui, le mystérieux donateur… j'allais enfin comprendre pourquoi ces 2 000 euros avaient atterri dans ma boîte à gants. Il commença par me parler de sa fortune personnelle puis de son Aston Martin et de sa Jaguar qui dormaient au garage depuis que la police locale lui avait retiré son permis pour conduite en état d'ivresse… puis de la petite voiture sans permis dans laquelle il était obligé de se trimbaler depuis… puis de la créature de rêve qui l'avait quitté faute de place pour ses jambes d'un mètre 50 à l'avant de la petite voiture sans permis… puis de son irrépressible envie de se venger de la maréchaussée sadique qui avait ruiné sa vie de vieux beau plein aux as. Il m'expliqua alors qu'un matin, revenant du marché avec sa petite voiture sans permis et sans mannequin slave dedans, il avait assisté à la scène de ma BX avec moi en pyjama au volant dégommant de plein fouet la voiture de la police locale… Cette scène lui ayant procuré une telle jouissance, il avait décidé de me féliciter à sa manière…

L'histoire était si cocasse que j'acceptai du coup, sans sourciller, les 2 000 euros… et embrassai le vieux rentier libidineux sur les deux joues avant de prendre la route en pensant aux jolis cadeaux que j'allais enfin pouvoir offrir à ma petite famille à Noël… vingt cadeaux à faire… cent euros par cadeau… du jamais vu… à moins que je ne fasse encore des cadeaux minables à tout le monde et que je garde les sous pour partir au soleil en all inclusive l'année prochaine… ou en thalasso… ou pour m'acheter une Rolex… plus que sept ans avant cinquante ans… c'était peut-être le moment d'y penser…

Je décidai de m'arrêter à la station Total de l'autoroute pour prendre un cappuccino à 2 euros à la machine et tenter d'y voir plus clair dans la manière de gérer mon treizième mois inattendu… Mon téléphone vibra une fois dans ma poche alors que j'avais le cappuccino brûlant dans la main, ça me fit sursauter, et le cappuccino aussi… j'en avais plein la cuisse, heureusement en décembre les pantalons sont noirs, c'est moins grave qu'en juillet quand les pantalons sont blancs…

Je sortis mon téléphone légèrement « encapuccciné » de ma poche et je lus le SMS…

« Je dois vous parler d'un petit imprévu… rappelez-moi… »

Le numéro affiché était celui d'Erwan Guillon.

Entre les tournages de dernière minute, le mystérieux donateur de mon treizième mois dans la boîte à gants, et la fête de fin de tournage, j'avais presque oublié que je m'étais mariée pour ne pas perdre mon nom… L'expression « petit imprévu » était celle que j'utilisais assez régulièrement pour parler d'une énorme boulette, j'espérais donc qu'à contrario, Erwan Guillon utilise les expressions dans leur sens littéral et propre…

La pluie recommençait à tomber dru sur l'aire d'autoroute, je décidai donc de prolonger ma pause-café en me posant cinq minutes sur une table de la cafèt non loin d'une équipe de routiers rigolards… qui m'aidèrent un quart d'heure plus tard à retrouver le sourire et à sécher mes larmes.

Quand il avait décroché, Erwan avait bredouillé un truc du genre « je suis désolé… rien ne pouvait laisser prévoir qu'elle ferait ça… » qui m'avait un peu inquiété sur l'état de santé de sa mère qui était la seule personne de sexe féminin que nous avions en commun…

— Il est arrivé quelque chose à votre mère ?

— Non, non… ça y est, ils sont à Bali loin des soucis et de la grisaille mais…

— Mais quoi ? Ils ont découvert notre petit arrangement ?

— Non… non… là-dessus pas de soucis… Guillon vous êtes… Guillon vous resterez…

Il mit dix bonnes minutes à me cracher le morceau mais j'eusse préféré qu'il l'avale tout rond…

— Ma mère a sélectionné la photo de vous dans la biscuiterie quand vous êtes en bigouden et que vous avez la bouche ouverte devant une part de kouign-amann.

— Oui bon ben… c'est pas grave, ça lui faisait plaisir, vous la gardez chez vous bien au chaud, vous ne la montrez pas et pis on n'en parle plus…

— Ça va être difficile…

— Comment ça ?

— En fait… avant de me céder l'entreprise, mes parents ont voulu faire un dernier coup d'éclat marketing, sûrement pour laisser une empreinte indélébile sur le travail de toute une vie…

— Oui… C'est un peu normal… ça se comprend… ce n'est pas facile pour eux de tout laisser comme ça…

— Ils ont changé le logo de la biscuiterie ! Celui qui figurait sur tous les paquets !

— Eh bien, je vais vous dire, Erwan : ils ont eu raison parce que moi franchement… ce petit losange bleu et rouge… ce n'était pas très joli comme logo et ça ne faisait pas très breton !

— Ah oui, c'est sûr que maintenant ça fait beaucoup plus breton…

— Eh bien c'est super, je suis sûre que ça va faire monter le chiffre d'affaires en flèche… À vous le CAC 40 Erwan !

— Ils ont mis la photo de vous avec la bouche ouverte devant la part de kouign-amann comme logo… en noir et blanc… comme le drapeau breton.

Je sentis d'un coup une bouffée de chaleur me monter à la tête, accompagnée d'une accélération anormale de mon rythme cardiaque et d'un petit début de suffocation… les routiers de la table d'à côté s'étaient arrêtés de blaguer en me regardant, signe que la couleur de mon visage devait avoir viré au vert… ou au bleu… ou au noir et blanc comme le drapeau breton…

Il me fallut bien cinq minutes pour retrouver un aspect humain. Erwan avait raccroché… Je le rappelai la voix tremblante :

— Il faut retirer ça tout de suite, Erwan… c'est vous qui décidez maintenant… c'est vous le patron !

— Oui, sauf qu'ils ont fait ça la veille de la cession et qu'ils ont mis une clause dans le contrat qui m'interdit de changer le logo de la biscuiterie pendant vingt ans…

— Mais pourquoi ils m'ont fait ça ? Je croyais qu'ils m'aimaient bien.

— C'est justement parce qu'ils vous adorent qu'ils ont voulu que vous soyez l'effigie de leur entreprise !

— C'est une catastrophe, Erwan… on trouve vos biscuits partout… y en a même là dans la supérette de l'aire d'autoroute…

— Oui, je sais… mais si ça peut vous rassurer avec la coiffe, on ne vous reconnaît pas trop… il faut vraiment le savoir… et comme personne ne le sait à part vous, moi et vos enfants…

Mes petits crapouillots… D'ici quinze jours, ils allaient passer de l'insouciance de l'enfance à l'atroce réalité du monde des adultes en tombant par hasard, chez un copain, sur un paquet de gâteaux avec le portrait de leur mère déguisée en bigouden dessus… Combien d'années sur les divans des psychiatres allaient-ils devoir passer après un tel choc émotionnel, un traumatisme comme celui-là allait marquer à jamais leur équilibre psychomoteur. Après avoir tout tenté avec Erwan pour garder la maîtrise de mon droit à l'image tout en gardant la maîtrise de mon nom, sans aucun succès, je dus me résoudre à l'inévitable et décidai de rentrer dare-dare au logis pour retrouver mes petits…

En écoutant « Take a chance on me » d'ABBA sur l'autoroute, j'élaborai des scénarios pour que le choc soit le moins frontal possible. Au moment de me garer en bas de l'immeuble, j'avais décidé de ne rien dire avant Noël pour ne gâcher la fête de personne. Je repartis d'ailleurs illico pour me lancer compulsivement dans l'achat des cadeaux de Noël avec mon treizième mois miraculeux histoire d'oublier, un temps, l'abominable nouveau logo des biscuits « Ker Guillon ».

*

— Maman, t'as déjà acheté mon cadeau ?

Il est très compliqué, quand on rentre chez soi les bras chargés de paquets enrubannés, de continuer de faire croire à un enfant de huit ans que le Père Noël existe et que les lutins bossent comme des dingues pendant qu'il dort pour lui manufacturer les cadeaux de ses rêves.

— Heu… je sais plus… chéri… peut-être… enfin non je veux dire… c'est le Père Noël qui s'occupe de toi… donc oui… sûrement… il a dû acheter ton cadeau à la Grande Récré comme tout le monde ou chez Joué Club… !

— Parce que, en fait, je veux pas de cadeau à Noël… tu peux dire au Père Noël d'aller le reporter…

Mais bien sûr ! le Père Noël avait fait la queue pendant une heure à la caisse de la Grande Récré puis trois quarts d'heure au stand papier cadeau des scouts de la Grande Récré… Il était donc hors de question qu'il retourne à la Grande Récré jusqu'à l'année prochaine.

— Mais si, mon petit chat, tu vas avoir ton cadeau… Pourquoi tu veux pas de cadeau ?

— Parce que je veux un autre cadeau… pas un cadeau dans du papier cadeau…

— Eh ben je te l'enlèverai du papier, si tu veux !

— Maman… cette année avec les frères, on veut pas de cadeaux… on voudrait juste faire un grand dîner de Noël avec tous nos papas et notre Maman… comme une vraie famille.

Victor était malin… il avait remarqué que je versais souvent ma petite larme à la fin des films… enfin il avait surtout remarqué que j'étais capable de pleurer comme une Madeleine devant un candidat malheureux de *Questions pour un champion*… Je versai donc une petite larme à la fin de son intervention et le pris dans mes bras.

À six jours du départ chez Papi et Mamie, je me retrouvai donc avec un nouveau challenge à relever : organiser un réveillon de Noël avant l'heure avec mes trois ex-maris et les fruits de nos amours ! Ce que je fis le soir même au téléphone en usant et abusant du trémolo dans la voix et de l'expression : « Pour eux, c'est important ! »

Avant de me coucher ce soir-là… ayant réussi à arracher un accord de principe des trois papas pour un dîner de Noël « comme une vraie famille », je me sentis forte et presque invincible… je passai machinalement la main sur mon tendon d'Achille… neuf mois maintenant depuis sa rupture inopinée… la cicatrice était volumineuse mais le tendon semblait solide. Étais-je en train de devenir invulnérable ? J'attendrais la sortie des premiers paquets de biscuits pur beurre de l'usine « Ker Guillon » pour en avoir confirmation…

— Alors tu les as eus, nos papas ? Ils sont d'accord ?

Des milliers de paquets de gâteaux à mon effigie dans quinze jours, trois ex-maris à dîner dans deux jours, un réveillon à vingt et un dans huit jours… ça valait bien un quart de Lexomyl à laisser fondre sous la langue avant de répondre :

— Oui, mon crapaud… ils sont d'accord… Allez… bonne nuit, fais de beaux rêves !!!

*

Au lendemain du dîner de Noël avec les trois pères de mes trois enfants, mon état physique et mental s'était dégradé… Le dîner s'était pourtant bien passé : les enfants avaient enfin retrouvé leurs pères et leur mère autour de la même table, ils avaient passé la soirée à rire et discuter entre hommes pendant que j'apportais les plats et que je débarrassais. J'avais même eu un petit cadeau de chacun de mes ex-maris et nous étions parvenus à recréer une famille multiparentale le temps d'un dîner de Noël. En revanche, la bigouden perchée qui s'engouffre une part de kouign-amann ne m'avait pas quittée, l'image revenait devant mes yeux toutes les trente secondes environ, je faisais de grands gestes pour l'écarter de mon visage et je voyais bien que les enfants me regardaient bizarrement… Et quand d'un grand mouvement du bras droit, j'ai écrabouillé la bûche avec l'écumoire, au dessert, une lueur d'inquiétude a balayé leurs regards… J'ai donc dû me résoudre à leur expliquer que c'était pour éviter que la bigouden ne boulotte le petit lutin en chocolat et sa scie en pâte d'amande, et c'est à ce moment-là que j'ai entendu le père d'Émile dire discrètement aux enfants :

— On va y aller les garçons… Maman est fatiguée… prenez soin d'elle… !

À mon réveil le lendemain… aux alentours de 10 h 30… un beau plateau de petit déj' m'attendait dans la cuisine, preuve que tout le monde commençait à s'inquiéter de l'usure précoce de mes neurotransmetteurs. Un joli pot de miel bio me tendait les bras. Je me suis toujours demandé comment on pouvait faire du miel bio ? On dresse les abeilles avec un fouet pour qu'elles ne butinent que des fleurs bio et on les chope au lasso avant qu'elles n'aillent se gaver du nectar de coquelicots des bords de route parfumés aux particules fines ? Cette réflexion atrabilaire me renseigna illico sur mon humeur du jour… la bigouden était toujours bloquée au travers de ma gorge…

En plus on était le 20… déjà le 20… la réponse de la chaîne pour les CocoricocoloK n'était toujours pas arrivée… ce qui voulait dire qu'ils ne prendraient pas de décision avant l'année prochaine… C'était déjà ça, je pouvais partir en vacances l'esprit tranquille… enfin façon de parler…

Le réveillon de Noël à vingt et un chez mes parents était un grand classique de la famille : chaque année, tous leurs enfants arrivaient des quatre coins de la

France avec leurs marmailles et leur moitié pour une semaine de repas festifs avec le réveillon du 24 en guise de feu d'artifice… Réminiscence du passé ou convictions religieuses, certains allaient à la messe de minuit à 20 heures en petite robe du soir histoire d'attraper la grippounette de Noël dès la naissance du petit Jésus… Pendant que les autres ouvraient les huîtres et finissaient aux urgences pour quelques points de suture… Quoi qu'il en soit, personne n'aurait raté cette ode à l'esprit de famille…

Le retour à la vraie vie était, en revanche, toujours un peu difficile… on n'arrivait plus à rentrer dans nos jeans, on était gras, mous et un peu verdâtres aussi au niveau du teint à force d'enchaîner les pics d'insuline ! C'est pourquoi il était formellement déconseillé d'accepter une quelconque invitation au réveillon de la Saint-Sylvestre…

*

« Tu fais quoi, le 31 ? »

Ce SMS de Sarah, ma copine nymphomane, me déclencha un petit début de migraine… quatre jours après Noël et deux jours avant le 31… mon système hépato-gastrique était en train de me lâcher… alors aller traîner ma carcasse dans un réveillon de la Saint-Sylvestre avec Sarah qui allait encore sauter sur tout ce qui bouge était juste inenvisageable en l'état actuel de mes viscères…

« Rien ! »

J'étais fière de moi ! Pour la première fois de ma vie, j'arrivais à faire ce genre de réponse à ce genre de question…

« Bonne nouvelle pour toi : mariage annulé… tu vas pouvoir garder ton nom… elle n'a pas apprécié que j'enterre ma vie de garçon avec une copine à elle… »

Ce deuxième SMS n'était pas signé Sarah mais Franck, le père de Paul… mon premier ex-mari : Franck Guillon…

Ma première réaction fut de plaindre cette pauvre fille nouvelle victime du grand séducteur multirécidiviste qu'était mon ex-mari.

Mais ma deuxième réaction fut assez comparable à celle d'une souris de laboratoire à qui on vient de faire une injection de curare : tous les muscles de mon corps se raidirent, je sentis mes yeux sortir de leurs orbites, le sang taper dans mes tempes et un millier de vuvuzelas résonner dans mes oreilles… le trépas n'était pas loin… mais la grande faucheuse passa finalement son chemin…

Je repris mes esprits pour réaliser que je venais de me marier en blanc et de passer un horrible pacte à l'insu de mon plein gré avec un fils de bonne famille élevé au beurre salé. Tout ça pour permettre à mon ex-mari de donner mon nom à sa nouvelle femme… Pour qu'au final cet abruti annule son mariage et que je me retrouve déguisée en mariée bigouden sur des paquets de galettes bretonnes jusqu'à la fin de mes jours.

Ma troisième réaction fut donc de me dire qu'un peu de violence verbale ne nuit jamais… elle soulage…

« Tu as intérêt à rattraper le coup très vite et à te marier fissa avec ta future femme sinon je te fais bouffer trois tonnes de galettes bretonnes… avec l'emballage ! »

« Qu'est-ce que t'as ? Tu vires chienne de garde ou quoi ? »

« Non, je vire bigouden enragée ! C'est pire, crois-moi ! »

Après cet échange aimable de SMS, je respirai un grand coup et décidai qu'aller noyer mon désespoir dans le champagne avec ma copine Sarah le 31 serait finalement moins pire que de ressasser mon destin peu glorieux d'égérie joufflue de biscuiterie bretonne…

« OK je vais venir avec toi le 31… c'est quoi comme réveillon ? »

« C'est déguisé… le thème c'est : les héros de notre enfance, je passerai te prendre. »

Les soirées déguisées n'étaient pas ma grande spécialité, je n'étais pas de celles qui gardent d'horribles oripeaux en prévision de futurs bals masqués et encore moins de celles qui dépensaient leur treizième mois dans la location d'un déguisement de marquise. Il fallait que je me débrouille avec ce que j'avais dans mes armoires… en saupoudrant éventuellement le tout de quelques ustensiles de cuisine ou petit électroménager…

Quand j'ouvris la porte à Sarah ce soir-là, je lus clairement sur son visage que le rapport entre mon déguisement et un héros de notre enfance ne devait pas être si évident que ça…

— T'es déguisée en quoi, là ?

J'adorais Sarah mais il fallait toujours qu'elle soit la meilleure en tout… et elle l'était très souvent, ce qui avait le don de m'exaspérer… Son déguisement en Falbala d'*Astérix et Obélix* était sublime… on aurait dit la vraie ! Et il était évident qu'à côté je faisais un peu pitié…

— Une robe ballon noire et un bob blanc sur la tête… ça te fait penser à rien ?

— Non… désolée et pis ce brillant à lèvres jaune… excuse-moi mais franchement, ça t'arrange pas.

— Caliméro, ça te dit rien ?

— Ah oui… ! c'est trop inzuste !!!!!… mais c'est pas un héros Caliméro, c'est un boulet !

— Oui, ben désolée, mais comme moi j'ai toujours eu l'impression d'être un boulet… C'est mon héros à moi !… C'est le héros des boulets, évidemment toi tu ne peux pas comprendre…

Sur la route, je faillis toutefois demander à Sarah de me ramener à la maison, mais sachant qu'elle refuserait catégoriquement en m'insultant, je renonçai et tentai de noyer mon désespoir en chantant les génériques des séries de notre enfance… Au troisième couplet d'*Albator*, Sarah gara sa voiture… nous étions arrivées…

Pour une fois, je connaissais tout le monde… c'était l'avantage des soirées déguisées… Après avoir claqué la bise à Tintin, les frères Dalton, Zora la rousse, Fifi brin d'acier, le facteur de *L'Île aux enfants*, Nicolas et Pimprenelle et Pollux, je bus quelques coupes de champagne en attendant les douze coups de minuit. Curieusement, j'eus beaucoup plus de succès que Sarah avec mon déguisement de Caliméro… Les gens me serraient fort dans leurs bras en me cajolant pour me consoler… ils répétaient « c'est tropinzuste… c'est vraiment tropinzuste »… et peu à peu je reprenais goût à la vie… Même si sous les déguisements je ne connaissais en réalité personne, ce réveillon de la Saint-Sylvestre était beaucoup plus chaleureux que celui de l'année précédente…

En voyant Sarah danser langoureusement avec Indiana Jones et son lasso, je ne pus m'empêcher de repenser aux prédictions de Barbie Ménage qui lisait l'avenir dans le yaourt au barbecue de chez Bubu. Elle avait vu Sarah avec un dompteur… elle m'avait aussi rappelé pour me dire que malgré ma traversée d'un néant affectif… j'allais me marier… un mariage bizarre avait-elle précisé… Un euphémisme…

À minuit tapant, les héros de notre enfance n'étaient pas encore fatigués, ils se mirent à chanter :

« Voici venu le temps des rires et des chants sur L'Île aux enfants c'est tous les jours le printemps c'est le pays joyeux des enfants heureux des monstres gentils oui c'est un paradis… » avant de se claquer la bise en se souhaitant une bonne nouvelle année.

J'espérais secrètement qu'elle ne ressemble pas à celle qui venait de s'achever lorsque le sergent Garcia s'approcha de moi en me tendant un paquet de gâteaux secs :

— Une petite galette, Caliméro… ?

Sa grosse main poilue avait beau recouvrir la quasi-totalité du paquet, je m'aperçus… en noir et blanc, dans un médaillon, la mine réjouie et la coiffe légèrement de travers, ouvrant un énorme four devant une part de kouign-amann…

Égérie de biscuiterie bretonne… une destinée hors du commun finalement… et qui allait peut-être… qui sait… me mener au firmament de la gloire.

Remerciements

Merci à :

la vie, mes parents, mes frères et sœurs et ma famille de dingues, et toutes les familles qui m'ont inspirée.

Merci aussi à :

Bill Gates, Steve Jobs, Woody Allen, Bruno Auer, Sophie G, la folle de Fouesnant et tous mes amis !

Sans oublier :

Colette Allstadt et toute l'équipe Pygmalion-Flammarion, Antoine de Galzain et toute l'équipe de France Bleu 107.1.

Et merci enfin à :

tous ceux que je ne peux pas citer ici au risque de transformer ce livre en bottin pas mondain…

Table

Photocomposition C*MB* Graphic
44800 Saint-Herblain

Achevé d'imprimer par GGP Media GmbH, Pößneck
en janvier 2013
pour le compte de France Loisirs,
Paris

N° d'éditeur : 71300
Dépôt légal : janvier 2013
Imprimé en Allemagne